THAILAND

Covermotiv *Kaum ein Land ist so vom Buddhismus geprägt wie Thailand. Die Symbole der Religion sind allgegenwärtig, ihnen wird größte Hochachtung entgegengebracht.*

Frontispiz *Ein Buddha in der Abendsonne in Wat Mahathat in Sukhothai*

www.komet-verlag.de
Gesamtherstellung: KOMET Verlag GmbH, Köln
Produktion: Feierabend Unique Books, Köln
Text: Vincent Corman, Larissa Kröhnert (Phuket)
Coverdesign: artwork-factory.com
Printed in China

ISBN: 978-3-89836-803-2

Vincent Corman

THAILAND

KOMET

Einleitung 6

Bangkok und Zentral-Thailand 10
Historisches Zentrum – Der Königspalast und Wat Phra Keo – Wat Po – Dusit-Park und Vimanmek-Residenz – Thonburi, Bangkok Yai und Bangkok Noi – Wat Arun – Die königlichen Barken – Chinatown – Einkaufen in Bangkok – Ayutthaya

Der Norden und Osten 74
Ban Chiang

Die Inselreiche im Südwesten 100
Phuket – Phuket Town – Patong – Karon und Kata – Kamala – Nai Harn – Bang Tao – Weitere Strände – Heiligtümer und Legenden – Nachtleben und Shows – Natur und Tradition – Museen – Aktivitäten – Umgebung – Ko Phi Phi – Weitere Inseln – Phang Nga

Der Süden 142
Inseln an der Ostküste: Tao, Phangan und Samui – Die alte Hafenstadt Chaiya – Südliches Grenzgebiet

Einleitung

Einer der zahlreichen Badestrände auf Thailands beliebtester Urlaubsinsel Phuket

Thailand ist seit Jahrzehnten für Europäer das wichtigste Reiseziel in Ostasien. Selbst der stetige Vormarsch des Massentourismus, der allmählich auch die hintersten Winkel des Landes in Besitz nimmt, kann offenbar die Anziehungskraft des Königreiches nicht schmälern. Woran liegt das? Thailand bietet für jeden etwas, und meist das Beste. Sie suchen Sonne, Strände, Meer? Thailand hat mehr davon, als ein Normalsterblicher je bereisen kann. Sie suchen Natur? Thailand hat Dschungel, Regenwälder und eine faszinierende Tierwelt. Ob wilde Elefanten in den Dschungeln des Nordens oder Haie und Rochen an den Küsten des Südens, in diesem Land erwarten Sie aufregende Begegnungen mit der Natur. Sie suchen Kultur? Thailand ist das Land der Tempel. Vom Mittelalter bis heute entstand ein Reichtum an Baudenkmälern, der seinesgleichen sucht. Ihnen ist nach Großstadt? Bangkok ist alles, was eine Metropole sein kann, im Guten wie im Schlechten. Sie wollen aussteigen und feiern? Auf den Inseln zu beiden Seiten der thailändischen Landzunge haben sich Freiheiten etabliert, die andernorts längst verdrängt wurden von Kommerz oder gesellschaftlicher Repression.

Thailand ist ein heiteres Land, es hat in seiner Geschichte Glück gehabt. Nie Kolonie, als einziger Staat der Region von den Katastrophen des zwanzigsten Jahrhunderts verschont, präsentiert sich das Land stolz, aber nicht überheblich. Natürlich gibt es gesellschaftliche Probleme, die den Thais zu schaffen machen, vom Drogenhandel im „Goldenen Dreieck" über die ausufernde Prostitution bis hin zu jüngsten Separatistenbewegungen in den muslimisch geprägten Süd-Provinzen.

Doch nicht einmal die Absetzung einer demokratischen Regierung durch eine Militärdiktatur führte zu dramatischen Imageverlusten. Vielleicht ist es die buddhistische Mentalität der Bevölkerung, die diese Gesellschaft so offen und friedfertig erscheinen lässt.

Es ist sicherlich kein Zufall, dass viele Thailand-Reisende wiederkommen. Zu verlockend sind die Vielfalt der Landschaft, die Schönheit der Natur, die Pracht der Tempel und der Charme der Bevölkerung.

THAILAND – DATEN UND FAKTEN:

Staatsform:	Konstitutionelle Monarchie
Staatsoberhaupt:	König Rama IX. (Bhumibol Adulyadej; geb. 1927 in den USA), seit 1946 König, aus der Chakri-Dynastie, die das Land seit über 200 Jahren regiert.
Politisches System:	Mehrparteiensystem, regelmäßig von Phasen der Militärdiktatur abgelöst.
Einwohner:	ca. 62 Mio.
Hauptstadt:	Bangkok
Landessprache:	Thai, daneben Khmer und Isaan
Landeswährung:	Baht und Satang (ein Baht = 100 Satang). 1 € entspricht ungefähr 48 Baht, 1 Baht entspricht ungefähr 0,02 € (Stand: Februar 2008).
Landesfläche:	513.115 km^2
Zeitzone:	UTC+7, keine Sommerzeit
Nachbarländer:	Myanmar (Burma) im Norden und Westen, Laos im Norden und Osten, Kambodscha im Osten, Malaysia im Süden
Religion:	Buddhismus (94 %), Islam (4 %), Christentum (0,6 %), Hinduismus (0,4 %), Naturreligionen

Folgende Doppelseite *Sie gehören zu den wichtigsten Verkehrsmitteln in Bangkok: Die Linienboote sind oft die schnellste Methode, sich durch die Stadt zu bewegen. Die zahlreichen Kanäle heißen Klongs.*

Bangkok und Zentral-Thailand

Wat Phra Keo ist die wichtigste Tempelanlage Thailands und Bangkoks bedeutendste Sehenswürdigkeit. Auf dem Areal mit Königspalast und Tempelbezirk findet man eine Vielzahl von Gebäuden und Monumenten, es sollen über 100 sein.

Bangkok, oder Krung Thep, wie die Stadt auf Thailändisch heißt, ist eine Großstadt, in deren Einzugsgebiet offiziell etwa 11 Millionen Menschen leben, die Dunkelziffer liegt aber bei 15 bis 20 Millionen. Die Einwohnerzahl des eigentlichen Stadtgebietes wird auf etwa 7 Millionen geschätzt. Neben den Thais, die die größte Bevölkerungsgruppe stellen, lebt in der Stadt eine relativ große chinesische Minderheit. Bangkok ist eine verhältnismäßig junge Stadt, deren Geschichte eng mit der des regierenden Königshauses verknüpft ist. Stadtgründer ist der Stammvater der herrschenden Chakri-Dynastie, König Buddha Yodfa Chulaloke, auch Phutthayotfa oder Rama I. der Große genannt (1737–1802). Das Jahr seiner Thronbesteigung gilt gleichzeitig als Gründungsjahr der Stadt: 1782. Zuvor befand sich an der Stelle das Städtchen Thonburi, das heute einer der 50 Bezirke von Bangkok ist.

Bangkok ist das wirtschaftliche Zentrum der ganzen indochinesischen Region und für viele Ausländer das Einfallstor nach Fernost. Die anderen Millionenstädte Indochinas – Rangun, Hanoi und Phnom Penh – sind deutlich kleiner und wirtschaftlich schwächer. An dem Wirtschaftsaufschwung der sogenannten Tiger- und Pantherstaaten in den achtziger Jahren war Thailand mit seiner Hauptstadt ebenso beteiligt wie an der darauffolgenden Depression und Rezession. Die Folgen dieses Wirtschaftsaufschwungs sind noch heute deutlich zu spüren. Mit den Hochhäusern kam der Smog; der anhaltende Bauboom sorgte dafür, dass die Frischluftkanäle der Innenstadt abgeschnitten wurden; Teile der Stadt sind mittlerweile unter Meeresspiegelniveau abgesunken. Die Luftbelastung wuchs stetig, die Lebensqualität sank drastisch. Viele, die in Bangkok unter freiem Himmel arbeiten, tragen dabei Mundschutz.

Anders als etwa europäische Großstädte steht die Region Bangkok in einem recht drastischen Kontrast zum Rest des Landes, der stark von der Landwirtschaft geprägt ist. Deren Bedeutung für die thailändische Wirtschaft geht allerdings seit Jahrzehnten kontinuierlich zurück zugunsten der Industrie, des Dienstleistungssektors und der Tourismusindustrie. Die Bauern auf dem Land leben noch heute größtenteils unter der Armutsgrenze, während in der Industrieregion um Bangkok Wohlstand westlicher Prägung verbreitet ist. Dieses Gefälle ist auch deshalb so augenfällig, weil sich nahezu die Hälfte der Industrie Thailands um die Hauptstadt herum konzentriert. Heute macht die Landwirtschaft gerade noch etwa 10 % des Bruttoinlandproduktes aus, während Industrie (44 %) und der Dienstleistungssektor (46 %) den Löwenanteil tragen. Sieht man sich dagegen die Zahlen der Beschäftigten an, so tritt der Kontrast noch einmal deutlich hervor: Während jeder zweite werktätige Thailänder in der Landwirtschaft arbeitet, leben etwa 35 % von Dienstleistungen und dem Tourismus und nur etwa 14 % von der Industrie. Die meisten Thais arbeiten also in einem Wirtschaftsbereich, der drastisch an Bedeutung verliert; die Folge ist ein enormes soziales Gefälle. Offiziell werden 10 % der Bevölkerung als arm bezeichnet, allerdings liegt die Arbeitslosenquote nur bei 1,4 %.

Bangkok ganz futuristisch: Der Sky Train soll das ewige Verkehrschaos lösen.

Wer Bangkok besucht, den erwarten allerdings keineswegs nur Smog, Beton und Gedränge. Auch wenn die Großstadt ihre Reize hinter eher unschönen Erscheinungen wie mehrspurigen Autobahntrassen und Hochhauslandschaften verbirgt, so sind diese Reize doch vorhanden.

BANGKOK:

Voller Name:
Krung Thep Mahanakhon Amon Rattanakosin Mahinthara Ayuthaya Mahadilok Phop Noppharat Ratchathani Burirom Udomratchaniwet Mahasathan Amon Piman Awatan Sathit Sakkathattiya Witsanukam Prasit (auf Deutsch etwa: „Stadt der Engel, große Stadt und Residenz des heiligen Juwels Indras, uneinnehmbare Stadt des Gottes, große Hauptstadt der Welt, geschmückt mit neun wertvollen Edelsteinen, reich an gewaltigen königlichen Palästen, die dem himmlischen Heim des wiedergeborenen Gottes gleichen, Stadt, die von Indra geschenkt und von Vishnukarm gebaut wurde")

Gebräuchliche Kurzform:
Krung Thep („Stadt der Engel")

Einwohnerzahl:
ca. 7 Millionen im Stadtgebiet, über 11 Millionen im Großraum Bangkok

Status:
Hauptstadt des Königreichs Thailand, gleichzeitig ein Stadtstaat unter den Provinzen des Landes

DER VERKEHR IN BANGKOK

Bangkok ist eine Stadt der Staus und des Smogs. Das unaufhaltsame Wachstum der Metropole als wirtschaftlicher Magnet führte unweigerlich zu einer Dauerverstopfung des Verkehrssystems. Die Folgen sind Zeitverluste, gesundheitliche Schäden durch Abgase und Lärm sowie ökologische Probleme von bedrohlichem Ausmaß. Um den drohenden Kollaps der Stadt abzuwenden, baut man seit längerem an einem tragfähigeren öffentlichen Nahverkehrssystem. Der berühmte Sky Train, die Hochbahn Bangkoks, ist seit 1999 das augenfälligste Resultat dieser Bemühungen, und mittlerweile befindet sich auch ein städtisches U-Bahn-System im Aufbau. Auch wenn sich die neue Hochbahntrasse mitunter etwas brachial durch die Stadt fräst, stellt sie doch einen enormen Gewinn für Bangkok und seine Bewohner dar. Und das liegt nicht nur an den Vorzügen, die besonders Touristen zu schätzen wissen – klimatisierte Wagen, schöner Ausblick –, sondern die bislang zwei Linien erleichtern natürlich vor allem Einheimischen das Leben. Erweiterungen des Hochbahnnetzes auch in die äußeren Stadtbezirke sind schon geplant. Bereits heute transportieren die nur zwei Hochbahnlinien täglich etwa 400.000 Passagiere durch die Innenstadt. Maßgeblich beteiligt am Bau des Sky Train ist Siemens, bislang werden die Züge in Europa gefertigt.

Ein weiteres unverzichtbares Fortbewegungsmittel sind die Tuk-Tuks. Diese motorisierten Rikschas gibt es in allen Formen, Farben und Größen, und man kommt kaum ohne sie aus.

Bangkok ist außerdem eine Stadt mit vielen Kanälen, den sogenannten Klongs, und so ist auch das Kleinboot ein wichtiges Verkehrsmittel. Manche Sehenswürdigkeiten lassen sich sogar am besten per Boot erreichen.

Zwei Arten der Fortbewegung allerdings sind in Bangkok meist kein Vergnügen: mit dem PKW und zu Fuß. Fußgänger müssen sich den Gehweg häufig mit allen erdenklichen Hindernissen teilen – Verkaufsstände, Restauranttische, Garküchen, Zweiräder oder einfach Müll.

Wer es nicht eilig hat, dem stehen die allgegenwärtigen Taxis zur Verfügung, man sollte allerdings auf das Schild „Taxi-Meter" achten, will man einen fairen Fahrpreis zahlen. Und natürlich gilt, wie überall: Ein Taxameter, das nicht eingeschaltet ist, nützt genauso wenig wie gar kein Taxameter. Keinesfalls sollte man sich vom Fahrer überreden lassen, irgendwelche Verkaufsstellen für Edelsteine oder Ähnliches anzusteuern.

Bangkok ist – das darf man gerade als Besucher, der die Stadt zum ersten Mal erkundet, nicht vergessen – ein Magnet. Wer in Thailand vom wirtschaftlichen Aufstieg träumt, der versucht sein Glück in der Hauptstadt. Das Resultat ist ein ungezügeltes und unkontrollierbares Wachstum, das sich in einer permanenten Bautätigkeit, einer Verdichtung und der Wucherung ins Umland niederschlägt. Trotz aller Wirtschaftskrisen ist Bangkok in der Region die Boomtown schlechthin. Dass es dort nicht gerade gemütlich zugeht, liegt auf der Hand. Doch wenn man sich nicht abschrecken lässt, kann man Bangkoks schöne Seiten entdecken und genießen.

Moloch Bangkok: Der Verkehr ist das größte Problem der Riesenstadt.

HISTORISCHES ZENTRUM

Bangkoks historisches Zentrum liegt auf einer Halbinsel: Rattanakosin. Die Hauptattraktion hier im Herzen der Stadt ist zweifellos der Königspalast, der im achtzehnten Jahrhundert am Ufer des Chao Phraya errichtet wurde. Allerdings ist der Palast heute nicht mehr Sitz des Königs. Seit sein Bruder und Vorgänger, der in Heidelberg geborene König Ananda Mahidol (Rama VIII.), 1946 im Palast ermordet wurde – die Umstände sind bis heute ungeklärt –, dient der Chitralada-Palast als Residenz des Königs. Das bringt immerhin den Vorteil mit sich, dass man nun den alten Königspalast besichtigen kann.

Buddha Yodfa Chulaloke, König von Siam, auch Phutthayotfa und König Rama I. genannt, begründete die noch heute regierende Chakri-Dynastie sowie die Stadt Bangkok. Er ließ die neue Stadt mitsamt dem großen Palast anlegen, nachdem die Burmesen die alte Hauptstadt Ayutthaya in Schutt und Asche gelegt hatten. Noch schöner und prächtiger sollte sie werden, die neue Residenzstadt des Königreichs Siam.

DER KÖNIGSPALAST UND WAT PHRA KEO

Die Palastanlage ist von einer etwa 1.900 Meter langen zinnenbekrönten Mauer umgeben, die ein knapp 200.000 m^2 großes Areal umschließt. Für eine Besichtigung empfiehlt es sich, genügend Zeit mitzubringen und auf eine angemessene Bekleidung zu achten. Kurze Hosen und schulterfreie Shirts werden auch bei männlichen Besuchern nicht toleriert, ebenso wenig wie Sandalen. In dieser Hauptsehenswürdigkeit Bangkoks herrscht in der Reisezeit immer großer Andrang, und am Wochenende kommen noch die Thais dazu, die den Tempel aus religiösen Gründen besuchen.

Hinter den Mauern befindet sich ein Gelände mit etwa 100 Bauten, es handelt sich also um eine Stadt in der Stadt. Bereits von außen sieht man die vergoldeten und reich verzierten Türme und Dächer, die erscheinen wie eine Vision aus einem Märchen.

Da das Haupttor zeremoniellen Anlässen vorbehalten ist, betreten Besucher die Anlage durch einen kleineren Seiteneingang und gelangen in den äußeren Hof, der bereits einen stimmungsvollen Blick auf die Tempelanlage Wat Phra Keo bietet. Im Tempelbezirk wird man – nach Ticketkontrolle und Kleidungscheck – von Yaks (oder Yakshas) begrüßt, grimmig dreinblickenden Statuen von Dämonen, die den Tempelbezirk bewachen. Bunt bemalt, fletschen sie furchterregend ihre Zähne. Sie stehen vor kleinen Pavillons, die mit Wandmalereien zu Motiven aus dem indischen Epos Ramayana geschmückt sind. Direkt dahinter befindet sich das Allerheiligste des Bezirks, der Tempel des großen Smaragdbuddhas.

Der Tempelbezirk von Wat Phra Keo in Bangkok ist üppig bevölkert von Dämonen, Fabelwesen und Tierstatuen. Im Hintergrund die Monumente der Terrasse: der goldene Chedi und das Mondhop

Die Buddha-Figur selbst besteht nicht aus Smaragd, sondern aus Jade. Alter und Herkunft der Statue sind unklar, dafür ranken sich zahlreiche abenteuerliche Legenden um ihre Entstehung und ihren Weg nach Bangkok, der oft als Odyssee durch mehrere Länder – Indien, Sri Lanka, Burma, Laos, Kambodscha – geschildert wird. Fest steht, dass der erste König der Chakri-Dynastie, Rama I., die Buddha-Statue in die neue Stadt Bangkok brachte; vermutlich sollte sie seinen Herrschaftsanspruch untermauern.

Der Smaragdbuddha thront auf einem mehrstufigen Altar unter einem fein gearbeiteten goldenen Baldachin. Auch wenn er mit etwa 70 cm Höhe nicht besonders groß ist, so ist er doch der Mittelpunkt des Tempels. Den Jahreszeiten entsprechend wird er mehrmals im Jahr „umgezogen“, das heißt, sein Gewand wird ausgetauscht. Bei der Besichtigung sollte man – wie in jedem Tempel – beachten, dass die Statue für die Thais ein Nationalheiligtum ist und einen hohen religiösen und nationalen Wert besitzt, man sollte sich also mit einem gewissen Maß an Respekt bewegen. Dazu gehört unter anderem, dass man bei Betreten des Gebäudes seine Schuhe auszieht und sich dezent auf dem Boden niederlässt –

BUDDHISTISCHE TEMPEL

Wat

Die Tempelanlagen in buddhistischen Ländern werden häufig Wat genannt. Eigentlich bedeutet der Begriff „Wat" so viel wie „Schule", und so sind es in der Regel Tempelanlagen mit Klostereinrichtungen wie Mönchsunterkünften und Schulgebäuden, die „Wat" heißen. Der gesamte Komplex ist meist von einer Mauer umschlossen.

Bot oder Ubosot

Das Allerheiligste eines buddhistischen Tempels heißt in Thailand Bot oder auch Ubosot. Der geheiligte Raum wird von den Sema-Steinen (auch gebräuchlich: „Sima") markiert. Diese Sema-Steine können außerhalb des Gebäudes stehen und die Form von Laternen oder Stelen haben. Wichtig ist, dass die Mönche sich während der religiösen Zeremonien innerhalb des von den Steinen begrenzten Raumes befinden. Ein Bot ist der wichtigste Gebetsraum, hier werden z. B. Priester geweiht. Im Innern befinden sich in der Regel ein Altar und eine oder mehrere Buddha-Figuren.

Viharn

Ein Viharn ist ein Versammlungsraum für die Gemeinde der Gläubigen. Im Innern befinden sich ebenfalls eine oder mehrere Buddha-Statuen.

Chedi / Stupa

Als Chedi oder Stupa bezeichnet man ein Denkmal oder ein Gebäude, das symbolisch für den Buddhismus steht. Dies kann z. B. ein Raum sein, in dem Reliquien aufbewahrt werden. Stupas haben häufig die Form einer Glocke, so etwa der goldene Chedi im Wat Phra Keo in Bangkok, oder einer Pagode (besonders in China und Japan).

Prang

Prangs sind die schmalen, hohen Türme der Tempel aus der Ayutthaya- und Khmer-Epoche. Von den Chedis unterscheidet sie besonders ihre Form, die häufig mit Maiskolben verglichen wird.

wobei man dem Buddha nicht seine Fußsohlen zuwenden darf, man geht also am besten auf die Knie. Fotografieren ist hier verboten, darauf achten die strengen Wächter. Wer sich am Buddha sattgesehen hat, kann sich an den Wandmalereien erfreuen, sie stammen aus dem achtzehnten bis neunzehnten Jahrhundert.

Wat Phra Keo: zwei der Dachträger und gleichzeitig Wächter des goldenen Chedi. Sie stellen Dämonen dar und bewachen eine Buddha-Reliquie; der Überlieferung nach handelt es sich um ein Brustbein Buddhas, das im Inneren des Chedi aufbewahrt wird. Wie die meisten Figuren der Tempelanlage sind sie fantasievoll verziert und bemalt.

Das vielleicht auffälligste Gebäude der unübersichtlichen Tempelanlage ist der Phra Sri Rattana Chedi. Er befindet sich nördlich des Allerheiligsten auf einer erhöhten Terrasse und ist weithin sichtbar, denn er ist der höchste der zahlreichen Türme und Türmchen der Anlage. Das beeindruckende glockenförmige Gebäude ist mit einer Goldschicht überzogen, die im Sonnenlicht glänzt.

Im Innern, das Besuchern nicht zugänglich ist, befindet sich eine Buddha-Reliquie. Daneben steht der Phra Mondop, ein Gebäude auf quadratischem Grundriss, das von einem filigranen Stufendach mit hohem, spitz zulaufendem Turm bekrönt wird. Das Gebäude dient der Aufbewahrung heiliger Schriften, daher ist es ebenfalls für Besucher nicht zugänglich.

Neben dem Mondop findet man das Pantheon, Prasat Phra Debidorn, mit seinem Turmdach. Hier wird der Ahnen der Chakri-Dynastie gehuldigt. Bewacht wird das Pantheon von großen Kinari, mythischen Mischwesen, deren vergoldete Statuen zu den beliebtesten Fotomotiven gehören. Die Kinari sind ein in der thailändischen Kunst häufig wiederkehrendes Motiv, das mit Tanz, Gesang und Weiblichkeit assoziiert wird. Davor markieren zwei weitere goldene Chedis die Ecken der Terrasse. Nicht weit davon entfernt steht das Mausoleum der Chakri-Könige, das Ho Phra Nak.

Ebenfalls auf der Terrasse findet man ein Modell der kambodschanischen Tempelanlage Angkor Wat aus dem neunzehnten Jahrhundert. Vermutlich wurde es angefertigt und aufgestellt, weil die berühmte Anlage in Kambodscha auch für Thailand eine gewisse Vorbildfunktion hatte. Praktisch vor allem also für Besucher, die keinen Abstecher ins Nachbarland planen!

Weitere Gebäude im inneren Bereich der Anlage sind eine Bibliothek religiöser Schriften (Hor Monthien Dharma) und eine reich verzierte Gebetshalle (Wiharn Yot) mit einem historischen Steinthron des mittelalterlichen Königs.

An der Ostseite der Tempelanlage befinden sich acht Prangs, Turmbauten, die sowohl innerhalb der Mauern wie auch davor stehen. Sie symbolisieren einzelne Elemente des Buddhismus.

Vieles an der Tempelanlage erinnert an die untergegangene Hauptstadt Ayutthaya. Dies ist kein Zufall, denn Bangkok wurde absichtlich als neues Ayutthaya gegründet, nur sollten die Tempel und Paläste der neuen Stadt noch schöner sein. Einige Figuren und Schnitzarbeiten konnten aus der alten Stadt geborgen und in Wat Phra Keo integriert werden.

Die Anlage von Wat Phra Keo wird von einer Mauer mit Galerie umschlossen, die mit Motiven aus dem Nationalepos Ramakien bemalt ist. Sie stellen die Geschichte von Rama von Ayodthaya dar, dessen Gemahlin von Thotsakan, dem König von Longka, entführt wurde. Ramas Weg führt ihn auch durch die Unterwelt, wohin ihn

Sonnenuntergang über Bangkok: Tempelsilhouetten prägen das Bild der Altstadt.

der Magier Maiyarab geleitet. Nach verschiedenen Auseinandersetzungen mit dem Sohn und dem Bruder des Thotsakan endet der Zyklus mit dem Kampf, der Thotsakan das Leben kostet.

Neben dem beeindruckenden Tempelareal lohnt es sich auch, einen Blick auf den alten Königspalast zu werfen. Den Besucher erwartet hier ein eigentümliches Potpourri aus Stilen. Ein eindeutig europäischer Renaissancestil mischt sich mit fernöstlichen Elementen, am deutlichsten zu erkennen am Chakri Maha Prasat, einem repräsentativen Palastgebäude aus dem neunzehnten Jahrhundert. Fast hat man den Eindruck, auf ein europäisches Gebäude sei ein asiatisches Dach gesetzt worden: Säulen, Fenstergiebel und bossiertes Sockelgeschoss gliedern die Fassade nach europäischem Muster, während das Dach typisch fernöstliche Formen aufweist. Der Palast wurde unter König Rama V. erbaut, der hier auch residierte. Heute werden nur einige Räume genutzt, meist für repräsentative Anlässe. Sie sind dekoriert mit vier Ölgemälden, die wichtige Stationen der diplomatischen Beziehungen Thailands zu Frankreich und England zeigen. Außerdem kann man dort zahlreiche Geschenke bewundern, die König Rama V. von ausländischen Königshäusern erhalten hat.
Östlich vom Chakri-Maha-Palast befindet sich der Komplex Phra Maha Monthian, der aus drei Gebäuden besteht: Der Amarinda-Vinichai-Palast mit seinem Thron- und Zeremoniensaal beeindruckt mit einem bootsförmigen Altar und dem üppigen Baldachin. Der Paisal-Taksin-Saal, für die Öffentlichkeit nicht zugänglich, wird als Krönungssaal genutzt. Neben einem achteckigen Thron steht eine Figur, die das Königreich Siam symbolisiert. Drittes Gebäude ist die Chakrapat Phiman, ehemals die königliche Residenz. Auch sie bleibt Touristen verschlossen. Während die Könige Rama I., Rama II. und Rama III. hier residierten, verbrachten ihre Nachfolger nach der Krönung zumindest eine symbolische Nacht in der Residenz, um zu demonstrieren, dass sie die Nachfolge des vorherigen Herrschers antreten. Vielleicht die auffälligsten Gebäude des Palast-Komplexes sind die zum Dusit-Ensemble gehörenden.

Die Dusit-Maha-Prasat-Halle mit ihren gestaffelten und verzierten Dächern ist ein schönes Beispiel thailändischer Architektur. In ihrem Innern befindet sich ein Perlmuttthron mit einem großen,

Linke Seite *Phra Sri Rattana Chedi, der große goldene Chedi, ist das höchste Gebäude im Palastbezirk von Wat Phra Keo. Seine Oberfläche ist mit vergoldeten Mosaiken verkleidet, und sein Turm prägt die Silhouette der Palastanlage. Er hat die für Chedis typische Form einer umgestülpten Glocke. Unter Rama IV. erbaut, dient er als Aufbewahrungsort einer Buddha-Reliquie.*

WICHTIGE FEIERTAGE IN BANGKOK

Krönungstag (5. Mai)
Thailändisches Neujahrsfest Songkran (13. bis 15. April)
Geburtstag des Königs (5. Dez) und der Königin (12. August)
Chinesisches Neujahrsfest (im Februar)
Geburtstag Buddhas, Visakha Bucha (bei Vollmond im Mai)

neunstufigen Baldachin. König Rama I. ließ diese Halle erbauen, unter anderem für Krönungsfeierlichkeiten. Für diesen Zweck befindet sich nebenan ein Pavillon, in dem der König sich umkleiden kann, der Arpornphimok. Man befand den Umkleidepavillon für so schön, dass man ihn kopierte und 1958 zur Weltausstellung nach Brüssel schickte.

Das Herrscherpaar ist allgegenwärtig – zumindest in Bildern.

Ein weiteres Beispiel des europäischen Einflusses ist der Phra Thinang Borom Phiman, ein Gebäude von 1903, das eher an Vorbilder in Brüssel, Paris oder London erinnert als an fernöstliche Architektur. Es war der Kronprinzenpalast des späteren Königs Rama VI. Heute ist dieser Palast das Gästehaus des Königs, in dem Staatsoberhäupter auf Besuch in Thailand logieren. Im Innern dieses Palastes, der sehr an die Belle Epoque erinnert, stellen Fresken die Götter der Veden dar, eines ursprünglich indischen Epos. So entsteht ein interessanter Kontrast zwischen der hinduistischen und buddhistischen Bilderwelt und der Ästhetik des Gebäudes.

Wer nach diesem architektonischen Parcours noch nicht genug gesehen hat, der kann das Wat-Phra-Keo-Museum besuchen, ein ebenfalls stark an europäische Vorbilder angelehnter Bau mit Historismus-Fassade. Hier sind in der archäologischen Sammlung Tempelfragmente ausgestellt, die vor Ort durch Kopien ersetzt wurden, daneben gibt es die verschiedenen saisonalen Gewänder des Smaragdbuddhas zu sehen. Anhand eines großen Modells der Tempel von Wat Phra Keo und des Königspalasts kann man sich noch einmal einen Überblick verschaffen über die Anlagen mit ihren zahlreichen Gebäuden und ihrem schier unüberschaubaren Reichtum.

WAT PO

Wat Po – eigentlich Wat Phra Chetuphon – ist die älteste und wichtigste Klosteranlage Bangkoks; sie ist sogar älter als die Stadt selbst, und vermutlich stand an dieser Stelle bereits im siebzehnten Jahrhundert ein großes Kloster. König Rama I. ließ die bestehende Klosteranlage durch diesen Neubau ersetzen, und seine Nachfolger sorgten dafür, dass die Anlage zu einem großen Komplex anwuchs. Wie auch Wat Phra Keo ist die Anlage von einer Mauer umfasst, grimmig dreinblickende Dämonen bewachen die Eingänge.

Historisch war das Kloster immer auch ein Ort der Wissenschaft und der traditionellen Medizin, und das ist es bis heute geblieben. So ist es nicht verwunderlich und schon gar nicht anstößig, wenn der Name des Klosters oft in Verbindung mit Thai-Massage erwähnt wird. Tatsächlich werden hier Masseure ausgebildet, und wer möchte, kann sich vor Ort davon überzeugen und sich massieren lassen.

Hauptattraktion im Kloster ist der riesige liegende Buddha, 46 m lang, 15 m hoch und vergoldet. Die Fußsohlen der Figur sind mit Perlmuttintarsien verziert, die über hundert buddhistische Motive zeigen. Die Position und Haltung des Buddhas ist keine zufällige: Sie symbolisiert den Moment, in dem Buddha den ewigen Zyklus des Lebens verlässt und ins Nirwana gleitet.

Das Gebäude, in dem der liegende Buddha untergebracht ist, bietet kaum Raum für Bewegung oder Distanz zur Statue, und so zeigen die meisten Aufnahmen die Statue aus einem extremen Blickwinkel. Neben dem berühmten liegenden Buddha gibt es in Wat Po

Bangkoks Tempel sind nicht nur museale Touristenattraktionen, sondern auch lebendige Orte des Buddhismus.

üppig verzierte Chedis, eine riesige Sammlung an Buddha-Statuen, einen Krokodil-Teich – allerdings ohne Wasser und somit auch ohne Krokodile –, verschiedene Hallen mit kunstvoll gearbeiteten Dächern, die überregional bekannte Klosterbibliothek, einen kleinen Glockenturm, kleine Gärten, einen Phallus-Stein, dem Frauen mit Kinderwunsch Opfer bringen, zwei kleine Museen mit alten Handschriften und Porzellan sowie eine Massage-Schule.

Palastwache vor dem Grand Palace. Der König residiert hier längst nicht mehr.

Beim Besuch solcher touristischen Attraktionen ist immer etwas Vorsicht geboten bei Angeboten von Unbekannten. Es kommt vor, dass Touristen erzählt wird, ihr eigentliches Ziel sei gerade geschlossen, aber man habe da einen guten Geheimtipp …

DUSIT-PARK UND VIMANMEK-RESIDENZ

Wer der Enge und Hektik der Millionenstadt zumindest für ein paar Stunden entfliehen möchte, kann einen Ausflug in den Dusit-Park unternehmen. König Rama V. ließ das Areal nördlich der Altstadt ausbauen, auf ihn gehen viele der hiesigen Gebäude zurück. Das Zentrum stellt der Chitralada-Palast dar, der Sitz des thailändischen Königshauses.

Viel davon bekommt man als Besucher allerdings nicht zu sehen, denn hohe Mauern umgeben die Anlage, ein Wassergraben sorgt außerdem für Distanz. Dafür ist die Vimanmek-Residenz zugänglich, sie gilt als weltweit größter Teakholzbau. Auch hier stand die europäische Architektur Pate, wie sie generell in der Epoche um 1900 in Thailand beliebt war. Unter Rama V. 1901 als eine der königlichen Residenzen erbaut, beherbergt die Residenz heute in ihren insgesamt 81 Räumen die königlichen Sammlungen des neunzehnten und zwanzigsten Jahrhunderts.

Östlich davon befindet sich ein Gebäude, das eher an islamische Vorbilder angelehnt zu sein scheint: der Abhisek-Dusit-Thronsaal. Etwa zur selben Zeit errichtet wie der Vimanmek-Palast, diente dieser einstöckige Bau als Audienzhalle für offizielle Anlässe, etwa für den Empfang von Botschaftern. Nachdem die Renovierungsarbeiten an der Teakholzresidenz bereits zu Beginn der achtziger Jahre abgeschlossen waren, wurde der Thronsaal erst zehn Jahre später, 1993, wiedereröffnet. Allerdings finden dort heute keine Audienzen mehr statt, sondern Ausstellungen zeitgenössischen

Kunsthandwerks. Dieses Museum geht auf eine Initiative der Königin Sirikit zurück, deren SUPPORT-Stiftung den Betrieb unterhält. Ein weiterer Palast aus der Ära Ramas V. ist die Ananta-Samakhom-Thronhalle von 1906, ein weiterer repräsentativer Bau mit europäischer Ästhetik. Er diente ebenfalls als Thronsaal für besondere Anlässe. Auch hier werden Erinnerungen an Verwaltungs- oder Museumsbauten der Belle Epoque wach. So überrascht es nicht, dass das Baumaterial aus Italien stammte: bester Carrara-Marmor. Bekrönt wird der Bau von einem Kuppelturm mit etwa 50 m Höhe, und bei seinem Anblick könnte man fast vergessen, dass man sich in Asien befindet. Tatsächlich waren an der Entstehung dieses Hauses italienische Architekten und Maler beteiligt, so verwundert das europäische Aussehen kaum.

Wat Arun, Tempel der Morgenröte

Das Innere des Gebäudes ist üppigster Historismus nach europäischem Vorbild, nur die Deckengemälde erinnern den Besucher wieder an seinen Standort, denn sie stellen die Geschichte der Chakri-Dynastie dar. Nach der Umwandlung der absolutistischen Monarchie in eine parlamentarische wurde der Ananta-Samakhom-Palast zum Sitz der Nationalversammlung.

Zu den ungewöhnlicheren Sehenswürdigkeiten im Dusit-Park gehört wohl das Elefantenmuseum, genauer das „Königliche Elefanten-Nationalmuseum“, untergebracht in den ehemaligen Stallungen der königlichen Dickhäuter. Wichtigstes Exponat ist ein lebensgroßes Modell eines weißen Elefanten, der in der buddhistischen Lehre einen besonderen Symbolwert hat.

Doch vollends ohne lebende Elefanten muss man nicht auskommen, denn ganz in der Nähe befindet sich der Dusit-Zoo, der neben den Dickhäutern auch Großkatzen, Reptilien, Giraffen und eine faszinierende künstliche Landschaft zu bieten hat. Verständlich, dass der Zoo für die Einheimischen ein beliebtes Ausflugsziel darstellt. Sportliche Zerstreuung bietet dagegen die benachbarte Pferderennbahn.

THONBURI, BANGKOK YAI UND BANGKOK NOI

Während Wat Phra Keo, Wat Po und der Dusit-Park touristische Highlights der Stadt sind, bietet Bangkok natürlich darüber hinaus mehr, als sogar der eifrigste Besucher verarbeiten kann. Die Zahl

DIE SCHWIMMENDEN MÄRKTE VON BANGKOK

Berühmt sind auch die schwimmenden Märkte, die mittlerweile allerdings fast nur noch außerhalb der Stadt zu finden sind, beispielsweise in Damnoen Sudak, etwa zwei Autostunden vom Stadtzentrum entfernt. Hier bieten Händler auf kleinen Booten Blumen, Obst, Gemüse und Fleisch an, häufig werden auch Tauschgeschäfte abgeschlossen. Meist sind die Boote über und über beladen mit Waren, mitunter wird auf den schmalen Barken sogar gekocht. Da die schwimmenden Märkte ein fester Bestandteil der meisten Touristenprogramme sind, empfiehlt es sich, früh am Morgen zu kommen, wenn man noch einen einigermaßen authentischen Eindruck gewinnen will.

der Tempel und Monumente ist unüberschaubar, so wie die Stadt eben selbst. Lohnenswert ist sicherlich ein Ausflug in die Stadtviertel Thonburi, Bangkok Yai und Bangkok Noi am westlichen Ufer des Chao-Phraya-Flusses gegenüber der Altstadt.

Nach dem Untergang der alten Hauptstadt Ayutthaya diente die damals eigenständige Stadt Thonburi zunächst unter dem tyrannischen König Taksin als Hauptstadt, bis sein Nachfolger König Rama I. am gegenüberliegenden Flussufer Bangkok gründete. Hier ist es noch etwas ursprünglicher und exotischer als in den modernisierten Vierteln mit ihren Hochhäusern, und selbst der Sky Train, die futuristische Hochbahn der Stadt, ist hier noch nicht richtig angekommen. Der Bau einer Trasse wurde durch den Militärputsch Ende 2006 unterbrochen, die Fertigstellung dadurch bis 2008 verzögert.

Zu den Sehenswürdigkeiten zählt auch eine barocke Kirche aus dem achtzehnten Jahrhundert, Santa Cruz. Erbaut wurde sie von Portugiesen, die intensive Handelsbeziehungen zum Königreich Siam unterhielten. Im Laufe der Zeit wurde die Kirche allerdings baufällig, so dass sie zu Beginn des zwanzigsten Jahrhunderts durch einen Neubau ersetzt wurde.

WAT ARUN

Auch am Westufer des Chao Phraya gibt es natürlich sehenswerte Tempelanlagen. Der schönste Tempel im Viertel Bangkok Yai nördlich von Thonburi ist vielleicht Wat Arun, Tempel der Morgenröte. Allein dank der Höhe seines Turmes, des Prang (etwa 86 m, über seine Höhe werden widersprüchliche Angaben gemacht), ist er ein Wahrzeichen der Stadt, auch wenn ihn seit einigen Jahrzehnten die Hochhäuser längst überragen. Im achtzehnten Jahrhundert wurde hier der Smaragdbuddha aufbewahrt, bevor man ihn nach Wat Phra Keo brachte.

Die üppig verzierten Prangs von Wat Arun in Bangkok. Der Tempel zählt zu den ältesten Baudenkmälern der Stadt.

Wat Arun ist wesentlich älter als die meisten Tempel und Klöster Bangkoks, er stammt aus der Ayutthaya-Periode.

Wenn man die Stufen des Prang hinauf zur Aussichtsplattform steigt, hat man einen hervorragenden Ausblick über die Altstadt mit ihren Sehenswürdigkeiten. Der höchste der Prangs von Wat

Arun stammt aus dem neunzehnten Jahrhundert. Aus Ziegelsteinen gebaut, wurde er mit chinesischem Porzellan verkleidet. In einzelnen Nischen des Turmbaus stehen verschiedene Götterstatuen. Seit 2000 findet hier auf dem Tempelareal das Wat-Arun-Festival der darstellenden Künste statt, das jedes Mal unter einem anderen kulturellen Schwerpunkt steht.

DIE KÖNIGLICHEN BARKEN

Eine wichtige Attraktion im Viertel Bangkok Noi sind die königlichen Barken, am Ufer eines Kanals nicht weit vom alten Königspalast entfernt. Hier im Nationalen Barkenmuseum sind teils historische Barken des Königshauses ausgestellt, wie sie noch heute bei sehr feierlichen Anlässen genutzt werden. Die größten unter ihnen sind über 40 m lang und mit prächtigen Buchfiguren ausgestattet. 50 Ruderer finden auf Suphannahongsa, der größten Barke, Platz. Sie wurde aus einem einzigen Stamm Teakbaum geschnitzt und ist vollständig vergoldet. Die Anordnung der Barken folgt strengen Regeln, insgesamt bewegen sich bei der Prozession 52 Barken flussabwärts zum Wat Arun.

ALLE GERÜCHE DER WELT: CHINATOWN

Natürlich ist es immer empfehlenswert, sich Zeit zu nehmen für die Dinge und Orte abseits der touristischen Highlights oder zumindest auch solche Orte zu besuchen, die weniger musealen Charakter haben. Für eine Tuchfühlung mit dem „realen“ Leben in Bangkok empfiehlt sich ein Besuch der Chinatown. Hier, westlich der Altstadt, drängen sich Garküchen, kleine Läden, Verkaufsstände und Goldschmiedewerkstätten auf engstem Raum.

Garküche in Bangkoks Chinatown. Wer einen empfindlichen Magen hat, sollte hier vorsichtig sein.

Der Geruch von Fisch, Garküchen, Tuk-Tuks liegt in der Luft, und vor lauter Gedränge und Gewimmel übersieht man, dass hier einige der ältesten Häuser Bangkoks stehen. Am besten, man beginnt seinen Rundgang am Odeon Circle, wo ein großes chinesisches Tor unübersehbar den Eingang zu Chinatown markiert. Von hier aus kann man sich treiben lassen und seinem Instinkt oder den verschiedenen Gerüchen folgen.

Schon vor über zweihundert Jahren gab es hier eine Ansiedlung chinesischer Händler. Als die Anlagen des großen Königspalastes und der benachbarten Tempel erbaut wurden, mussten die Chinesen umziehen. Seitdem gehen sie ihren Geschäften hier im kommerziellen Zentrum Bangkoks nach.

EINKAUFEN IN BANGKOK

Wer ertragreicher shoppen möchte, kann dies am Siam Square tun. Hier befinden sich die modernen Einkaufspaläste und Shoppingcenter, auch Filialen europäischer Supermärkte wie Carrefour. Das modernste und vielleicht teuerste Shoppingcenter ist das Siam Paragon an der Rama I. Road. Als eine der Hauptattraktionen dort lockt die Siam Ocean World mit einem riesigen Aquarium. Ein röhrenförmiger Gang führt unter anderem auch durch ein Haifischbecken, dieses Vergnügen kostet allerdings Eintritt.

Moderner Konsumtempel in Bangkoks Einkaufszentrum

Ein weiterer Großkomplex ist das World Trade Center, das neben zahllosen Geschäften auch eine Eisbahn und ein Kino beherbergt. Die Hauptverkehrsader Bangkoks, die Sukhumvit Road, ist Teil eines bis zu achtspurigen Straßenzuges, der bis zur Landesgrenze im Osten führt. Am westlichen Abschnitt der Straße herrscht das Bild einer Einkaufsstraße vor, und natürlich ist sie ständig verstopft. Hier ist Bangkok am modernsten und am hektischsten. Nachts wandelt sich das Gesicht der Straße, wenn die zahllosen Gogo-Bars, Striplokale und Restaurants öffnen. Es gibt aber auch hier an der Sukhumvit Road Massageläden, die nichts mit Rotlicht und viel mit traditioneller thailändischer Massagekunst zu tun haben, zum Beispiel die Läden der Kette Body Tune. Die Sukhumvit Road ist auch ein geeigneter Ort, um in den Sky Train einzusteigen, denn eine Linie folgt hier dem Straßenverlauf. So kann man bequem das Gedränge und Verkehrschaos von oben betrachten und sich an einen ruhigeren Ort kutschieren lassen.

AYUTTHAYA

Wenn Bangkok Gegenwart und Zukunft Thailands symbolisiert, dann steht Ayutthaya für die Vergangenheit des Königreichs Siam. Etwa achtzig Kilometer nördlich von Bangkok liegt das, was von der einst so prachtvollen Residenzstadt übrig blieb. Ab dem 14. Jahrhundert residierten hier die siamesischen Könige, und im Laufe der Zeit wuchs Ayutthaya zu einer der größten, reichsten und wohl auch schönsten Städte in Fernost an. Hier befand sich das religiöse, kulturelle und politische Zentrum des Königreichs und dessen wichtigstes Machtzentrum. Nicht nur die politische Identität der Thais bildete sich hier heraus, auch ihr Architektur- und Kunststil. Waren die Tempel zuvor noch stark von der Khmer-Kultur aus dem benachbarten Kambodscha geprägt, entstand mit dem Aufstieg Ayutthayas ein eigener Thai-Stil. So entwickelten sich zum Beispiel die Chedis, die man in jedem thailändischen Tempel findet, aus den Prangs der Khmer-Kultur. Viele der Könige, die in Ayutthaya regierten, waren absolutistische Herrscher, die von ihren Untertanen als gottgleich betrachtet wurden. Weder durfte man den Namen des Königs aussprechen noch ihn anschauen oder sich ihm gar nähern. Historische Reiseberichte von Europäern, die den siamesischen Hof besuchten, erzählen von einer glanzvollen Großstadt, die sich mit europäischen Metropolen wie London durchaus messen konnte. Man vermutet, dass die Einwohnerzahl vor der Zerstörung eine Million erreicht hatte.

1767 beendete eine burmesische Invasion die Ayutthaya-Periode. Das Königreich fiel, und seine Hauptstadt wurde nach einer einjährigen Belagerung von den Invasoren so stark zerstört, dass die Thais beschlossen, ihre neue Residenzstadt an einem anderen Standort aufzubauen. Zurück blieb ein Ruinenfeld, alles andere war niedergebrannt worden: Paläste, Tempel, Bibliotheken und unermessliche Kunstschätze wurden Opfer der Invasion.

Ayutthaya, die alte Hauptstadt Siams

Seit der Zerstörung liegt das Ruinenfeld wie in einen tiefen Schlaf versunken im Dschungel, langsam bemächtigt sich die Natur der Mauern, Türme und steinernen Gesichter. Die Zeit scheint stillzustehen in dieser verwunschenen Landschaft, die einen ganz besonderen Zauber besitzt.

Der Tempel- und Palastbezirk der alten Stadt lag auf einer von drei Flüssen umschlossenen Insel. Von der Stadtmauer, die Ayutthaya ursprünglich vollständig umgab, sind noch Reste erhalten.

Die bekannteste Tempelanlage in Ayutthaya ist sicherlich Wat Phra Si Sanphet, deren drei imposante Chedis zum Wahrzeichen der Stadt geworden sind. König Boromatrailokanat hatte sie im fünfzehnten Jahrhundert erbauen lassen. Sie dienten später zur Aufbewahrung der Asche des Königs und seiner beiden Söhne. Das wichtigste Monument dieses Tempels aber war eine vollständig vergoldete, 16 Meter hohe Buddha-Statue. Man schätzt, dass allein das

Gold über 170 kg wog, kein Wunder also, dass die Figur die Begehrlichkeit der Burmesen weckte. Das Gold wurde eingeschmolzen und die Statue restlos zerstört. In seiner Bedeutung war der Tempel vergleichbar mit dem heutigen Tempel des Smaragdbuddhas in Bangkok.

Südöstlich von Wat Phra Si Sanphet liegen Wat Phra Ram und Wat Mahathat, zwei im vierzehnten Jahrhundert erbaute Tempel.

Besonders gut erhalten ist Wat Ratchaburana im Osten des Areals. Die farbigen Wandmalereien in der Krypta gehören zu den schönsten Überresten der untergegangenen Stadt. Daneben fand man

Ein buddhistischer Mönch beim Opferritual

während der Restaurationsarbeiten königliche Regalien und zahlreiche kostbare Stücke aus Gold und Edelsteinen, die heute im nahe gelegenen Chao Sam Phraya Museum zu sehen sind.

Auch uralte Ruinenstädte sind lebendige Orte: Einem liegenden Buddha in Wat Lokaya, Ayutthaya, werden Opfer dargebracht.

Außerhalb der Insel liegt Wat Phanan Choeng, der einen 19 Meter hohen goldenen Buddha beherbergt. Die Statue wurde 1324 gegossen und ist umgeben von unzähligen kleineren Buddha-Figuren, die in Wandnischen aufgestellt sind.

Das Ensemble von Wat Chai Wattanaram westlich der Insel bietet einen imposanten Anblick, es gehört zu den jüngsten der Anlage. 1629 ließ König Prasat Tong, ein Usurpator des Throns, den Tempel errichten – vermutlich, um die Legitimität seines Thronanspruchs zu demonstrieren. Auch hier sind Teile der ursprünglichen Bemalung erhalten sowie die Reste einer Reihe sitzender Buddhas. Der alte Königspalast Wang Luang wurde bei der Invasion vollständig dem Erdboden gleichgemacht. Zu Beginn des zwanzigsten Jahrhunderts ließ König Rama V. einen hölzernen Nachbau eines Pavillons anfertigen.

Während des burmesischen Überfalls blieb einzig der Tempel Wat Chai Wattanaram unversehrt. Bei der ersten burmesischen Belagerung Ayutthayas einige Jahre zuvor hatten burmesische Truppen hier Stellung bezogen, um den Königspalast mit Kanonen zu beschießen. Der Legende nach kam dabei der burmesische König selbst ums Leben, möglicherweise verschonte man diesen Tempel deshalb bei der Zerstörung der Stadt.

Der Ubosot, das Gebäude, in dem unter anderem die Mönche geweiht wurden, entstand um 1500, sein Inneres ist dunkelrot und goldfarben ausgeschmückt, während die Außenmauern in schlichtem Weiß gehalten sind.

Unter all den halbverfallenen Tempelanlagen fällt eine besonders ins Auge: Am nordwestlichsten Punkt der Anlage erhebt sich ein strahlend weißer Prang mit goldener Spitze, der Wat Phu Khao Thong. Ursprünglich hatten die burmesischen Besatzer an dieser Stelle einen Chedi errichtet, der den Thais natürlich ein Dorn im Auge war. Ein Abriss kam nach buddhistischem Glauben nicht in Frage, und so wartete man, bis die Zeit ihre Arbeit verrichtete – der

Chedi verfiel. Kurz vor der Zerstörung Ayutthayas durch die Burmesen wurde er schließlich durch einen neuen Chedi ersetzt. Davor befindet sich heute ein Reiterstandbild aus moderner Zeit, es stellt den König Nareusan dar.

Noch heute lässt sich erahnen, wie imposant und prachtvoll dieser Ort gewesen sein muss. Die mächtigen Chedis, Palastmauern und Skulpturen legen ein beredtes Zeugnis ab von dieser stolzen Hochkultur und deren Kunstfertigkeit. Ayutthaya ist für Thailand das, was Angkor Wat für Kambodscha ist: ein beeindruckendes steinernes Denkmal seiner reichen Geschichte, heute versunken in der Zeitlosigkeit.

Ayutthaya ist zwar eine Ruinenstadt, doch die religiösen Symbole sind für die Thais nach wie vor lebendig. So werden Buddhastatuen traditionell mit Tüchern bekleidet.

Das Ruinenfeld gehört mittlerweile zum UNESCO-Weltkulturerbe. Dank der zahlreichen Kanäle und Flüsse, die die Anlage umgeben und durchfließen, kann man das alte Ayutthaya bequem während einer Bootsfahrt besichtigen. Neben dem Ruinenfeld gibt es aber auch ein modernes Ayutthaya mit etwa 55.000 Einwohnern, es ist die Hauptstadt der gleichnamigen Provinz nördlich von Bangkok.

Ein Hollywoodfilm hat die Region Kanchanaburi weltberühmt gemacht. Hier befindet sich die „Brücke am Kwai", Schauplatz von David Leans gleichnamigem Film. Der Kwai, genauer Khwae Yai, fließt durch das Grenzgebiet zu Myanmar und mündet in den Mae Klong, der wiederum im Golf von Thailand ins Meer fließt. Im zweiten Weltkrieg sah sich Thailand von japanisch besetzten Gebieten umklammert und konnte seine Selbstständigkeit nur wahren, indem es mit Japan zusammenarbeitete. Tausende Kriegsgefangene mussten von 1942 bis 1943 eine Eisenbahnlinie von Burma nach Bangkok bauen, die den japanischen Nachschub für das besetzte Burma erleichtern sollte. Diese „Death Railway" führte in der Provinz Kanchanaburi über den Kwai, die berühmte Holzbrücke wurde schließlich von den Alliierten zerstört. Eine Stahlbrücke direkt daneben wurde nach dem Krieg wieder aufgebaut und ist heute eine Touristenattraktion.

Folgende Doppelseite *Boomtown Bangkok. Die Stadt ist das wichtigste Wirtschaftszentrum in Südostasien.*

SEXTOURISMUS

Wenige Länder werden so stark mit Sextourismus assoziiert wie Thailand. Tatsächlich ist die Sexindustrie Thailands ein Überbleibsel der Kriege in Korea und Vietnam, als die US-Armee Thailand als Rückzugsgebiet nutzte. So wuchs allmählich eine Industrie, die den amerikanischen Soldaten alles bot, was Abwechslung versprach. Vermutlich trug die vergleichsweise wenig restriktive buddhistische Mentalität der Thais dazu bei, dass sich hier eine Sexindustrie in für asiatische Verhältnisse gewaltigem Ausmaß etablieren konnte. Selbst der Abzug der Amerikaner nach dem Ende des Vietnamkrieges bedeutete nicht das Aus für die sogenannten Massagesalons und Bars, vielmehr ersetzte der sich in den siebziger Jahren entwickelnde Pauschaltourismus die Soldaten; nun kamen die Kunden aus Europa und den USA. Dennoch wäre es grundlegend falsch, die thailändische Sexindustrie einfach als neue Form des westlichen Kolonialismus zu betrachten. Die größten „Kundengruppen" der thailändischen Prostituierten stellen mittlerweile nicht etwa Europäer oder Amerikaner dar, sondern die Thais selbst sowie Reisende aus den Nachbarländern. Das sind besonders Malaien, die der Strenge ihres islamischen Heimatlandes entfliehen wollen, daneben vor allem Japaner und Chinesen. Die Zahl der als Prostituierte arbeitenden thailändischen Frauen und Männer wird auf anderthalb bis drei Millionen geschätzt, offizielle Zahlen gibt es natürlich nicht. Prostitution floriert in Thailand auch deshalb, weil sie ein sehr einträgliches Geschäft ist, durchaus auch für die Prostituierten selbst. Vor diesem Hintergrund erscheint die Behauptung, es gebe in Thailand vergleichsweise wenig Zwangsprostitution, durchaus realistisch, sofern sie sich auf Erwachsene bezieht. Die Massenprostitution ist nicht primär eine Folge von Armut, die Menschen in Notlage zur Prostitution zwingt, sondern vielmehr eine Folge der Lukrativität. Dies alles gilt natürlich nur für die Prostitution von Erwachsenen – daneben blüht aber auch das Geschäft mit Minderjährigen, darunter sogar Kinder. Die Organisation EPCAT, die sich weltweit der Bekämpfung von Kinderprostitution widmet, hat in Thailand eine Reihe von Hilfs- und Präventionsprogrammen auf den Weg gebracht.

Natürlich ist man besorgt, dass Thailands weltweit bekannte Sexindustrie den Ruf des Landes nachhaltig beeinträchtigen und damit dem wichtigen Wirtschaftszweig des Tourismus schaden könnte, und diese Befürchtung ist sicherlich nicht unbegründet. Offiziell ist Prostitution in Thailand verboten, doch Korruption verhindert in der Regel jede Strafverfolgung, außerdem freut sich der Staat natürlich über die so ins Land fließenden Devisen. Wie überall, so ist auch hier die organisierte Kriminalität an dem Geschäft beteiligt. Um die ausufernde Sexindustrie besser kontrollieren zu können, erwog das thailändische Parlament bereits, Prostitution zu legalisieren, doch dagegen protestierten ausgerechnet die Prostituierten selbst. Sie fürchten, als „Sex-Arbeiter" registriert und somit in ihrem Heimatdorf stigmatisiert zu werden.

Wo die Sexindustrie blüht, gibt es in der Regel ein AIDS-Problem, dies ist in Thailand nicht anders. Die Angst, den Wirtschaftszweig zu schädigen, führt oft zu einer Tabuisierung des Themas AIDS, und so hat Thailand die höchste Zahl der Infektionen in Fernost zu beklagen.

Tradition und Moderne: Bangkok ist eine Stadt der Widersprüche. Der Wirtschaftsboom erzeugte eine unkontrollierte Bautätigkeit, die der alten Stadt zunehmend Platz und Luft raubt.

大金行
ฮั่วเซ่งเฮง
和成興大金行
ห้างขายทอง
เลี่ยงเซ่งเฮง
聯成興大金行
ห้างขายทอง
เลี่ยงเซ่งเฮง
聯成興大金行
新正如意
振和興大金行
S&P
JAWARAJ TOURS

HOTEL
Center Point Plaza
SHOPPING MALL
Café de Tour
HIP IN TOWN
Tel. 02-6292300
5 YEARS SCOTCH WHISKY
MONEY EXCHANGE
MoneyGram
2Fl. Travel Agency Full Services
3Fl. Hip in Town Pub & Restaurant
Bangkok Bank
Exchange
ATM
JOY SILVER
SILVER
SABAI MASSAGE
WALLY HOUSE
@
Restaurant
OVERSEAS CALL
Internet Printer
TMB
SINGHA
YMK TATTOO
SABAI MASSAGE
TAXI
AILAND
TUK-TUK

Wo Touristen sind, ist der Souvenirhändler nicht weit. Hier werden Kinari in allen Variationen angeboten. Diese Fabelwesen stehen für Weiblichkeit, Anmut und Tanz.

Linke Seite *Obst- und Blumenhändlerinnen auf dem schwimmenden Markt von Damnoen Sudak*

Europäischer Historismus vermengt mit fernöstlicher Architektur: der Königliche Palast in Bangkoks Altstadt

Bangkok ganz anders: Stimmungsvoller Sonnenaufgang über Wat Arun, dem Tempel der aufgehenden Sonne. Die Tempelsilhouette bietet einen atemberaubenden Anblick, der einen den Dreck und Lärm der Großstadt vergessen lässt.

Der liegende Buddha im Wat Pho, Bangkok. Er ist 46 Meter lang und vollständig vergoldet. Seine Fußsohlen sind mit über hundert Perlmuttintarsien verziert. Die Figur füllt beinahe den ganzen Raum. Die Tempel- und Klosteranlage Wat Pho ist auch berühmt für die traditionelle thailändische Medizin, die hier gelehrt und praktiziert wird.

Ein kultureller Höhepunkt: Nur zu höchsten Anlässen wie dem 50-jährigen Thronjubiläum des Königs gehen die königlichen Barken auf Prozessionsfahrt. Bis zu 50 Barken sind daran beteiligt, einige stammen aus dem neunzehnten Jahrhundert. Die Prozession ist von enormer gesellschaftlicher Bedeutung. Nach einem strengen Reglement bewegt sie sich flussabwärts in Richtung Wat Arun. Im Hintergrund ist der Große Palast zu sehen.

Eine Stadt in der Stadt: Auf dem Gelände des Königspalastes liegt die Tempelanlage Wat Phra Keo, die von einer weißen, zinnenbekrönten Mauer umschlossen ist. Ob mit stimmungsvoller Nachtbeleuchtung oder tagsüber, wenn die goldenen Dächer in der Sonne funkeln – die Anlage ist ein magischer Ort, der die Besucher zum Schwärmen bringt.

Folgende Doppelseite *Wat Phra Keo in Bangkok: eine Wunderwelt der Figuren, Türmchen und Tempel. Im Vordergrund ein Kinari, eines von unzähligen Fabelwesen, die den Tempel bewachen. Dahinter eine Landschaft aus zierlichen Tempeldächern und spitzen Chedis. Auch wenn der angrenzende Königspalast nicht mehr genutzt wird, die Tempelanlage selbst ist noch heute ein heiliger Ort, der besonders am Wochenende von zahlreichen Gläubigen besucht wird.*

Wat Phra Keo ist einer der bedeutendsten religiösen Orte Thailands, und so finden sich unter den Menschenmassen, die die Tempelanlage aus touristischen Gründen besuchen, auch immer zahlreiche Thais, die herkommen, um zu beten und Opfer zu bringen. Die Bauten beherbergen nicht nur wichtige Reliquien und heilige Schriften, sondern auch Ahnengalerien der Chakri-Dynastie.

Rechte Seite *Sie bewachen den heiligen Tempelbezirk von Wat Phra Keo: Yakshahas oder Yaks, furchterregende Dämonen, sind vor den Eingängen positioniert. Die riesigen Wächterfiguren sind üppig und bunt verziert wie fast alles im Tempelbezirk.*

Thailand wie aus dem Bilderbuch: Tempeltänzerinnen in folkloristischen Kostümen vor der imposanten Kulisse des Wat Phra Keo

Linke Seite *Überall Gesichter, Fratzen, Dämonen, Fantasiewesen: mythologische Bewacher der Bauten im Tempelbezirk Wat Phra Keo, in jeder Hand eine Schlange. Alles glänzt golden oder strahlt farbig.*

Buddhistische Mönche vor dem königlichen Pantheon. Hier, im heiligen Tempelbezirk, werden die Ahnen der regierenden Chakri-Dynastie geehrt. Links und rechts vor dem Gebäude stehen vergoldete Chedis. Ein Chedi, auch Stupa genannt, ist ein symbolisches Gebäude oder Monument, das zum Beispiel zur Aufbewahrung von Reliquien genutzt wird. Ursprünglich dienten Chedis als Grabmonumente.

Rechte Seite *Kinari vor dem königlichen Pantheon. Die Mischwesen, halb Mensch, halb Vogel, bewachen die Gebäude des heiligen Tempelbezirks.*

Die Ruinen der alten Hauptstadt Ayutthaya. Sie wurde von den Burmesen dem Erdboden gleichgemacht, danach wurde Bangkok als neue Hauptstadt des Königreichs Siam angelegt.

Wie eine Traumerscheinung: Wat Chai Wattanaram in Ayutthaya im Nebel. Der Tempel wurde 1630 unter König Prasat Thong in der Spätphase der alten Hauptstadt erbaut. Wie viele andere Tempelanlagen Thailands weist er deutliche Einflüsse der Khmer-Architektur auf.

Majestätischer Buddha in den Ruinen von Ayutthaya. Über vierhundert Jahre lang war sie die Hauptstadt des Königreichs Siam und eine der größten Metropolen des Subkontinents. 1767 ging die einst so prachtvolle Hauptstadt unter, als die Burmesen Siam überfielen. Die Ruinenstadt ist heute ein historischer Park.

Wat Phra Si Sanphet in Ayutthaya. Die früher dicht bevölkerte Residenzstadt ist heute ein friedlicher Ruinenpark.

Langsam holt sich die Natur wieder, was von der Zivilisation erschaffen wurde. Kräftige Baumwurzeln scheinen diesen Buddha zu verschlingen.

Der Wat Yansangwararam ist ein wichtiger Tempel in der Provinz Chonburi. Er stammt aus dem 20. Jahrhundert, der König hat seine Errichtung maßgeblich unterstützt.

Folgende Doppelseite *Der Erawan-Wasserfall im 550 Quadratkilometer großen Erawan-Nationalpark*

Die Brücke am Kwai. Der gleichnamige Film von David Lean machte das Bauwerk 1957 weltberühmt. Es erinnert an die traurige Geschichte der japanischen Kriegsgefangenen, die während des Zweiten Weltkriegs Zwangsarbeit leisten mussten.

Folgende Doppelseite *Pattaya an der Ostküste des thailändischen Golfs ist noch immer ein wichtiger Urlaubsort. Doch eine wuchernde Hotellandschaft und zügelloser Massentourismus haben den Ruf der Stadt enorm geschädigt.*

Mistys
A-gogo
GIRLS
Club
The
SHAMROCK
Bar & Restaurant
NEW ORLE
RESTAURANT
Cheers

FUN BAR
Nite Club
SIMPLEY THE BEST
HOT
FUNBAR
NITE CLUB
Kitten Club
HOTEL
the blue parrot
Palmer
Kodak

Norden und Osten

Während die Touristenströme sich seit Jahrzehnten besonders auf Zentralthailand und den Süden konzentrieren, entdecken immer mehr Reisende die Schönheiten der bislang vergleichsweise weniger erschlossenen Regionen des Landes.

Eines spricht sicherlich für den Norden: Nicht nur Europäer empfinden das Klima oft angenehmer als die drückende Dauerhitze in Bangkok. Zwar werden auch im Norden Höchsttemperaturen von 40 °C erreicht, dem steht aber auch eine Phase der spürbaren Abkühlung gegenüber.

Die wichtigste Metropole des Nordens ist ohne Zweifel Chiang Mai. Einst war sie die Hauptstadt des Lanna-Reiches, das mit Ayutthaya lange um die Führungsrolle in der Region stritt. Nach einer Periode als Vasall Burmas wurden Chiang Mai und die nördlichen Provinzen recht spät ins Königreich Siam integriert, erst

Chiang Mai: die Chedis im Wat Suan Dok

1932 wurde die Region um die nördliche Stadt endgültig zu einer Provinz des Staates Thailand.

Chiang Mai zählt heute etwa 250.000 Einwohner und gehört damit zu den größten wirtschaftlichen und kulturellen Zentren des Landes. Haupteinnahmequelle ist der Tourismus, der seinen Weg zunehmend auch in den Norden des Landes findet. Die Stadt liegt malerisch in einem Tal am Ufer des Flusses Ping, eines Zuflusses des großen Chao Phraya. Hinter der Stadt erhebt sich der Doi Pui, mit 1.685 Metern ist er einer der höchsten Berge des Landes.

Betende Mönche in Wat Si Chum in Sukhothai

Die Altstadt von Chiang Mai ist reich an Baudenkmälern, darunter zahlreiche mittelalterliche Tempel und Reste der historischen Stadtbefestigung. Die Befestigung und der dazugehörige Kanal markieren ein Viereck, auf dem sich das historische Stadtzentrum befindet. Der älteste unter den Tempeln ist Wat Chiang Man, er geht auf das dreizehnte Jahrhundert zurück. Modernes Leben findet man besonders auf den Märkten, von denen der Nachtmarkt der beliebteste ist.

Berühmt ist Wat Chedi Luang, der manchmal auch als „Thailands Turm zu Babel“ bezeichnet wird. 98 Meter erhebt sich die Ruine der Stufenpyramide, 1545 führte ein Erdbeben zum Einsturz des Gebäudes. Für kurze Zeit diente der Tempel als Aufbewahrungsort für den Smaragdbuddha, das Nationalheiligtum.

Traditionell spielt das Kunsthandwerk eine wichtige Rolle im wirtschaftlichen Leben der Region. In der Nähe von Chiang Mai befinden sich einige sehenswerte Dörfer, die für traditionelles Kunsthandwerk bekannt sind. Neben Jade werden hier auch Silber, Seide und Hölzer verarbeitet.

Hoch über der Stadt liegt der Tempel Doi Suthep von 1383, von hier aus hat man eine wunderbare Aussicht über Chiang Mai und die Landschaft. Dafür muss man allerdings knapp 300 Stufen erklimmen oder die Seilbahn nehmen.

Einen Einblick in das Leben der Bergvölker Nord-Thailands verschafft ein Besuch im Stammesdorf Doi Pui, wo man die typische Lebensart des Hmong-Stammes studieren kann. Allerdings ist ein

THAILÄNDISCHE TIERWELTEN

Neben Landschaften, Stränden und Kulturschätzen bietet Thailand auch eine faszinierende Fauna.
Zu den in Thailand heimischen Tieren gehören die Asiatische Goldkatze (etwa doppelt so groß wie die europäische Hauskatze) und die Bengalkatze (ihre Größe entspricht etwa der einer Hauskatze). Unter den Reptilien der Region findet man Geckos ebenso wie Schlangen, darunter auch giftige und gefährliche Arten, und Krokodile.
In einigen Nationalparks leben seltene und teils stark gefährdete Raubtiere wie Tiger und Leoparden, während die ebenfalls bedrohten Elefanten auch in dichter besiedelten Regionen zu sehen sind. Wirklich wild leben Elefanten in Thailand vor allem noch in der Grenzregion zu Myanmar, ihre Bestände werden auf 3.000 bis 4.000 geschätzt. Weitere Elefanten werden als Arbeitstiere gehalten, meist in der Land- und Forstwirtschaft oder im Tourismus. Eine besondere Rolle spielen weiße oder sehr hellhäutige Elefanten. Sie gelten als heilig und gehören laut Gesetz dem König. Insgesamt begegnen die Thais Elefanten mit besonderer Wertschätzung, die Tiere haben im Land seit jeher einen hohen Symbolwert.
Zu den zivilisationsnahen Tieren gehören auch die Affen. Es gibt Schulen, in denen Makaken als Helfer in der Kokosernte dressiert werden, leider werden sie in Touristenzentren häufig auch als „Kuscheltiere“ missbraucht, was für die Tiere und ihre Population katastrophale Folgen nach sich zieht. Neben Makaken sieht man in Thailand auch häufig Gibbons und Loris.
Heimische Säugetiere sind außerdem der Malaienbär und der Kragenbär.
Weniger beliebt bei Touristen sind die Vogelspinnen und Skorpione. Allerdings muss man sich darauf gefasst machen, dass in der Region Vogelspinnen mitunter auch gegessen werden, wenngleich dies in Thailand weniger verbreitet ist als im Nachbarland Kambodscha.
Reichhaltig ist auch die Tierwelt unter Wasser: Zu den markantesten Bewohnern gehören die Schwarzspitzen-Riffhaie, sie gelten als wenig gefährlich für den Menschen, es sei denn, sie fühlen sich bedrängt. Man trifft sie in Korallenriffen und in sehr flachem Wasser. Selten, aber sowohl in flachem als auch in tiefem Wasser anzutreffen ist der sehr gefährliche Bullenhai, daneben der als gefährlich eingestufte Tigerhai, der Graue Riffhai und der sehr scheue Silberspitzenhai.
Generell gilt für die gefährlichen Haiarten: Sie halten sich häufig in Flussmündungen auf, diese sollte man beim Baden besser meiden, genau wie größere Fischschwärme, denn diese werden oft von größeren Jägern (= Haien) verfolgt.
Riesig, aber harmlos ist der Walhai. Viele Haiarten sind allerdings seltener geworden. Ironischerweise ist es auch der Lärm der immer zahlreicher werdenden Boote, mit denen Touristen auf Hai-Besichtigung gehen, der die Tiere vertreibt.

Besuch weniger abenteuerlich, als es zunächst klingen mag – längst haben die Touristenströme auch diesen Ort entdeckt. Die wunderschöne Berglandschaft der Region gehört zum Doi Suthep-Pui National Park, der eine Fläche von 260 km^2 umfasst. Neben einer faszinierenden Pflanzen- und Tierwelt findet man hier eine Vielzahl malerischer Wasserfälle.

Nicht weit von der Stadt Chiang Mai entfernt liegt auch ein Ausflugsort, der bei Touristen wegen seiner Elefanten sehr beliebt ist: Mae-Sa. Dabei handelt es sich nicht um wilde, sondern um dressierte Elefanten, die einige Zirkuskunststücke vorführen. Von hier aus bietet sich für Wagemutige ein Elefantenritt durch den Regenwald an.

Noch weiter westlich, in der Grenzregion zu Myanmar, locken idyllische Gebirgslandschaften zunehmend wander- und trekkingfreudige Touristen, allerdings bergen solche Ausflüge in entlegene Regionen auch erhebliche Gefahren. So warnt das Auswärtige Amt vor Reisen ins Grenzgebiet und weist ausdrücklich auf die Gefahr bewaffneter Überfälle durch kriminelle Banden in touristisch weniger erschlossenen Regionen hin, so auch im Grenzgebiet zu Kambodscha.

Aufgrund der schwierigen politischen Situation im Nachbarland Myanmar kommt es im Grenzgebiet immer wieder zu bewaffneten Auseinandersetzungen. Nicht zu unterschätzen ist auch das Drogenproblem. Die Region, in der Myanmar, Thailand und Laos aneinanderstoßen, ist berüchtigt als „Goldenes Dreieck". Schlafmohn ist hier der Exportschlager, die örtliche Produktion ist für den weltweiten Handel mit Heroin von großer Bedeutung. Anders als die Militärdiktatur Myanmar geht Thailand entschieden gegen den Drogenanbau und -handel vor, hier werden mitunter drakonische Strafen verhängt.

Zwei Mönche überblicken das „Goldene Dreieck", einen der weltweit berüchtigtsten Orte des Drogenhandels und -anbaus.

Allerdings dringt der Massentourismus zunehmend in den thailändischen Norden vor, was für die Gegend positive Folgen hat. Dank der neuen Einnahmequellen sind die Einheimischen nicht mehr auf den Handel mit Heroin angewiesen, zudem verringert die touristische Erschließung der Gegenden den Aktionsradius der Drogenhändler und -produzenten.

BAN CHIANG

Weiter östlich, in der Provinz Udon Thani, liegt ein Ort, der früher fast ausschließlich vom Reisanbau geprägt war und zu den eher ärmlichen Gebieten zählte. Seit in den 60er Jahren dort aber erste aufsehenerregende Ausgrabungen gemacht wurden, fließen die Besucherströme. Und mittlerweile zählt Ban Chiang sogar zum UNESCO-Weltkulturerbe. Der Grund für diese Aufmerksamkeit liegt mehr in dem Alter als in dem Aussehen der Funde aus Ban Chiang. Vermutlich existierte hier bereits 2000 v. Chr. eine bedeutende Hochkultur, die ein hohes Maß an Kunstfertigkeit entwickelt hatte. Erstaunlich sind vor allem die bemalten Keramiken und die Werkzeuge, die die damaligen Bewohner nutzten. Möglicherweise ist dies die älteste Kultur Südostasiens, die Bronze herstellte. Die interessantesten Funde der Ausgrabungen werden im örtlichen Museum gezeigt.

In den Kalkstein-Bergen im Nordosten findet man zahlreiche wunderschöne Tropfsteinhöhlen.

Udon Thani ist eine der Provinzen, die zum Isaan (oder Isan, beides bedeutet so viel wie „Nordosten“) gezählt werden. Dabei handelt es sich um eine Region, die beinahe den ganzen Osten Thailands ausmacht, bis zu den Landesgrenzen mit Laos im Norden und Osten (entlang dem Mekong) und Kambodscha im Süden. Die Grenze zur thailändischen Zentralregion und zum Norden bildet das Phetchabun-Gebirge. Allgemein kann man den Isaan als Thailands ärmste Region betrachten. Kulturell unterscheidet er sich deutlich vom Rest des Landes, denn im Isaan sind die Einflüsse der Nachbarländer Laos und Kambodscha sehr deutlich zu spüren. Die dominante Sprache ist Isan, die dem Laotischen ähnlich ist, und auch Khmer, die Sprache Kambodschas, ist hier verbreitet. Seit mehr als hundert Jahren bemüht sich der Staat, die Zugehörigkeit der Region zum Königreich Thailand auch durch eine stärkere kulturelle Angleichung zu festigen, etwa durch Einführung des thailändischen Alphabets.

Besonders beeindruckende Zeugnisse der hier ehemals vorherrschenden Khmer-Kultur findet man im Südwesten des Isaan, in der Provinz Nakhon Ratchasima. Die Tempelruinen von Phimai sind vielleicht die bedeutendsten Khmer-Denkmäler in Thailand. Vermutlich im 11. Jahrhundert erbaut und in jüngerer Zeit restauriert, vermitteln sie einen guten Eindruck einer bedeutenden Khmer-Anlage. Früher war Phimai durch eine Straße direkt mit Angkor

BUDDHISMUS

94 % der thailändischen Bevölkerung bekennen sich zum Buddhismus der Theravada-Schule, was ihn im Prinzip zur Staatsreligion macht. Eine Ausnahme stellen die südlichsten Provinzen an der Grenze zu Malaysia dar, wo die Mehrheit der Bevölkerung muslimisch ist.

Grundsätzlich gilt der Buddhismus als weniger dogmatisch und insgesamt offener als beispielsweise die monotheistischen Religionen. Dennoch gibt es strenge Regeln, die auch von Anhängern anderer Glaubensbekenntnisse respektiert und beachtet werden sollten; dabei handelt es sich vor allem um den Umgang mit und das Auftreten gegenüber buddhistischen Institutionen. Wer einen Tempel besucht, sollte etwa berücksichtigen, dass Buddha-Statuen wichtige religiöse Symbole sind. Man sollte sie nicht berühren und sich in ihrer Nähe respektvoll bewegen. Dies gilt, obwohl Buddha-Statuen nicht als Abbild eines Gottes zu betrachten sind, sondern vielmehr das Grundprinzip der buddhistischen Lehre symbolisieren. Siddhartha Gautama, der historische Buddha, hatte aus eigener Kraft den höchsten Seinszustand der Erleuchtung erlangt. Damit schied er aus dem Kreislauf der ewigen Reinkarnation aus und gelangte ins Nirvana. Siddhartha Gautama gilt als Vorbild einer idealen Lebensführung, die zur Überwindung des ewigen Kreislaufs des Leidens führt. Buddha-Figuren stehen also mehr für ein Prinzip und eine Philosophie, als dass sie eine historische Figur als göttliche Autorität abbilden. Sie sind als Objekte heilig, weil sie eine heilige Philosophie verkörpern. Respektloses Verhalten den Buddha-Figuren gegenüber oder in Tempeln und Klöstern wird in Thailand mitunter sogar mit Gefängnis bestraft. Mit Touristen, die auf Buddha-Statuen klettern, hat man in der Regel keine Nachsicht, da hilft auch der Verweis auf die eigene Unkenntnis thailändischer Gebräuche nicht.

Ebenso respektvoll sollte man sich bei Begegnungen mit buddhistischen Mönchen verhalten. Wer ihnen eine Spende bringt, erhält keinen Dank, sondern dankt für die Möglichkeit, ihnen spenden zu dürfen.

Wat verbunden, es wird sogar spekuliert, ob Phimai eine Vorbildrolle für Angkor Wat hatte. Dafür spricht immerhin, dass einzelne Gebäude in Phimai vermutlich älter sind als die berühmte Tempelanlage in Kambodscha. Auch hier gibt es ein Museum, in dem Reliefs und andere Khmer-Fragmente ausgestellt sind.

Eine berühmte Attraktion in der Nähe des Tempels ist ein etwa 300 Jahre alter Ficus benjamina (oder Benjaminbaum), der ein groteskes Netz von Luftwurzeln entwickelt hat. Man findet ihn etwa zwei Kilometer von Phimai entfernt, in Sai Ngam.

Der Vishnu-Fries wurde in den sechziger Jahren gestohlen und tauchte schließlich in einem Museum in Chicago wieder auf. Thailand musste das Kunstwerk zurückkaufen.

Weiter südlich, kurz vor der Grenze zu Kambodscha, steht eine ähnlich prachtvolle Anlage aus der Khmer-Zeit: Phanom Rung. Auch dieser Tempelkomplex war ursprünglich durch eine Straße mit Angkor Wat verbunden. Erbaut wurde er im 12. Jahrhundert auf einem Hügel, und seit einer umfassenden Restaurierung hat er sich zu einem der meistbesuchten Ausflugsziele der Region entwickelt. Er ist vermutlich der größte und besterhaltene Khmer-Tempel in Thailand, berühmt ist vor allem der Phra-Narai-Fries. Ein amerikanischer Kunstsammler hatte das Kunstwerk zu Beginn der sechziger Jahre gestohlen und es dem National Arts Institute in Chicago vermacht. Erst größter diplomatischer Druck durch Thailand und in den USA lebende Exil-Thais bewegten das Institut schließlich dazu, das Beutestück 1988 wieder herauszugeben, allerdings nicht ohne dafür eine fürstliche Summe zu verlangen (und auch zu erhalten).

Der Fries stellt den Gott Vishnu dar, dem der Tempel gewidmet ist. Phanom Rung ist, und das ist ungewöhnlich im buddhistischen Thailand, ein Hindu-Tempel. Im dreizehnten Jahrhundert übernahm das Khmer-Reich den Buddhismus, in dem darauffolgenden Jahrhundert gewann der Hinduismus noch einmal an Dominanz, bevor er im Laufe des vierzehnten Jahrhunderts schließlich endgültig vom Buddhismus verdrängt wurde.

Heute erstrahlt Phanom Rung beinahe wieder im alten Glanz und stellt mit seinem beeindruckenden Prang, den von Skulpturen gesäumten Alleen und seinen prachtvollen Reliefs eines der bedeutendsten Zeugnisse der Khmer-Kultur dar.

Linke Seite *Sonnenuntergang über dem Mekong. Im Norden Thailands bildet der Mekong die natürliche Grenze zum Nachbarland Laos, er gilt als Lebensader des gesamten Subkontinents.*

Die historische Tempelanlage Wat Mahathat in Sukhothai. Im dreizehnten und vierzehnten Jahrhundert war dies die Hauptstadt des Sukhothai-Königreichs. Die mittelalterlichen Tempel stehen heute unter dem Schutz der UNESCO.

Folgende Doppelseite *Liegender Buddha in den Ruinen der alten Stadt Kamphaeng Phet. Der Geschichtspark gehört zu den faszinierendsten Sehenswürdigkeiten im Norden.*

See- und Dschungellandschaft in der nördlichen Provinz Mae Hong Son an der burmesischen Grenze

Linke Seite *Nebel liegt über der Landschaft in Phai im Nordwesten des Landes.*

Das Goldene Dreieck hat mittlerweile einiges von seinem schlechten Ruf verloren und wird zunehmend von Touristen entdeckt.

Ein Ritt auf einem Elefant ist für viele Touristen ein Wagnis, für die Einheimischen dagegen ganz alltäglich. Die Dickhäuter werden seit Jahrhunderten unter anderem in der Forstwirtschaft genutzt. Dabei genießt der Elefant in Thailand eine besondere Wertschätzung.

Wat Phra Singh in Chiang Mai. Der Tempel stammt aus dem 14. Jahrhundert. Die Stadt ist das bedeutendste Zentrum des Nordens und wird häufig für ihre Schönheit gerühmt.

Rechte Seite *Buddhistische Mönche in Chiang Mai*

Ein Angehöriger des Meo-Stammes mit einem traditionellen Musikinstrument. In der Grenzregion zwischen Thailand und Myanmar leben viele Bergvölker.

Die 850 Meter lange Uttamanusorn-Brücke in Sangkhlaburi ist die längste Holzbrücke des Landes. Die meisten Menschen, die in dieser Region leben, gehören dem Volk der Mon an.

Reisterrassen in Chiang Rai im Norden des Landes. Vor allem in den ländlichen Regionen lebt ein Großteil der Bevölkerung noch heute vom Reisanbau.

Folgende Doppelseite *Im Norden und Nordwesten Thailands und in den angrenzenden Regionen von Myanmar und Laos sind noch heute zahlreiche Bergvölker beheimatet. Sie leben zum Teil relativ abgeschieden im Dschungel. Allerdings geraten auch sie mehr und mehr ins Visier des Massentourismus. Reiseveranstalter bieten Ausflüge zu den Dörfern an, wo Touristen die einfachen Lebensumstände der Bergvölker bestaunen können. Gegen diese Vermarktung ganzer Volksgruppen regt sich allerdings zunehmend auch Kritik.*

Rechte Seite *Ernte auf dem Reisfeld. Auf dem indochinesischen Subkontinent ist der Reisanbau noch immer der wichtigste Zweig der Landwirtschaft und ernährt vor allem den ärmeren Teil der Bevölkerung. Thailand gehört zu den größten Reisanbauern der Welt.*

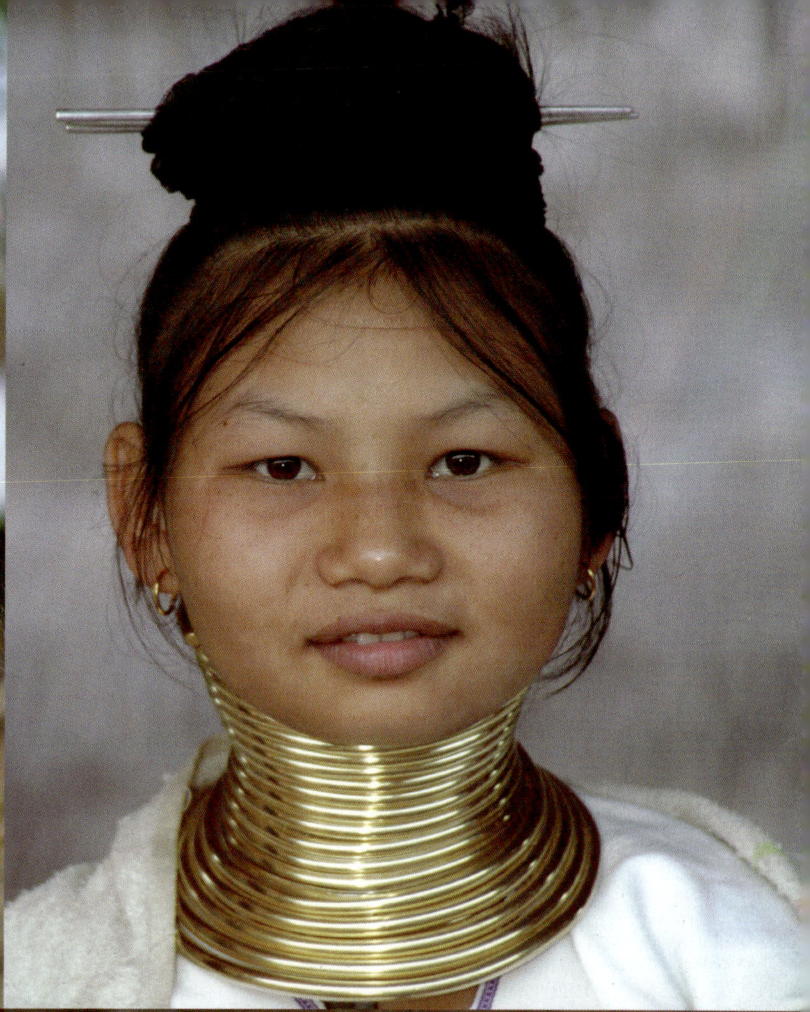

Bei Chiang Mai: Wohnhütte von Angehörigen des Akha-Stammes. Die Akha stammen ursprünglich aus Tibet und haben sich bis heute eine eigene Kultur, Sprache und Religion erhalten. Der zunehmende Kontakt der einstmals isoliert lebenden Bergvölker mit Touristen und Thais bringt nicht nur neue Handelsmöglichkeiten, sondern auch zahlreiche Probleme mit sich.

Das Goldene Dreieck: Die Grenzregion zwischen Thailand, Myanmar und Laos war lange berüchtigt als Eldorado für Drogenhändler.

Phuket und die Trauminseln der Westküste

Die Westküste zwischen den Grenzen zu Myanmar und Malaysia gehört zu den reizvollsten Regionen Thailands. In der Andamanensee befinden sich unzählige Archipels mit traumhaften Tauchgründen.

Der Meeresnationalpark Mu Ko Similan mit den Similan-Inseln ist eines dieser Paradiese. Einige der unbewohnten Inseln haben eine felsige Küste, dennoch gibt es vielerorts Sandstrände, die für einen besonders feinen und sauberen Sand bekannt sind. Korallenbänke schon ab 2 Meter Wassertiefe machen die Region für Schnorchler attraktiv, und Taucher rechnen den Meerespark mit seiner atemberaubenden Unterwasserlandschaft zu den besten Tauchgebieten der Welt. In der Regenzeit von Mai bis November bleibt der Meerespark für Touristen geschlossen, das heißt, es gibt in dieser Zeit keine Unterkünfte.

Falterfische schwimmen durch einen Korallenwald. Die Schönheit der thailändischen Unterwasserwelt ist legendär.

Weiter nördlich liegt ein weiterer Meeresnationalpark, der bei Tauchern weltweit einen hervorragenden Ruf genießt: der Mu Koh Surin National Park um die fünf größeren Surin-Inseln. Dank der größeren Entfernung zum Festland ist die Natur hier noch unberührter, das Ökosystem noch besser intakt als auf den stärker erschlossenen Inseln. Die Inseln selbst sind teils dicht bewaldet, und vor ihnen liegen in meist recht flachem Wasser große Korallenriffe, einige davon gehören zu den größten in thailändischen Gewässern. Auch hier gibt es Sandstrände und fürs Schnorcheln geeignete Riffe.

Für die Surin-Inseln gilt ebenso wie für die Similan-Inseln: Von Mai bis November gibt es weder Unterkünfte noch touristischen Bootsverkehr.

Das Leben unter Wasser ist gekennzeichnet durch eine bemerkenswerte Artenvielfalt. Wer Glück hat, bekommt sogar einen Walhai

UMWELTBEWUSSTSEIN UND TIERLEBEN IN THAILAND

Thailand lockt Reisende nicht nur mit seinen Stränden, Landschaften und Kulturstätten, auch die Natur ist seit langem fest im Blickfeld des Tourismus. Dabei stellt der Tourismus, wie überall, auch in Thailand eine große Bedrohung für die Flora und Fauna des Landes dar. Welcher Reisende würde nicht gerne mal ein Gibbonäffchen auf die Schulter nehmen, einen Tiger streicheln, ein Krokodil berühren oder sich mit einem Leguan fotografieren lassen? Viele Touristen glauben, damit täten sie den einheimischen Tierhaltern auch noch einen Gefallen, schließlich scheinen diese so ihren spärlichen Lebensunterhalt zu verdienen. Doch tatsächlich hat diese Art des Naturerlebnisses verheerende Folgen für die Tierwelt des Landes. Nicht nur, dass die Halter der Affen, Tiger oder Krokodile in der Regel keineswegs arm sind – Arme kämen überhaupt nicht an diese vorübergehend „gezähmten" Tiere heran. Meist handelt es sich bei den Tieren, die Touristen zum Anfassen dargeboten werden, um Jungtiere, die von ihren Eltern geraubt werden, was diese nicht selten mit dem Leben bezahlen müssen. Die Organisation Wildlife Friends of Thailand gibt an, dass eine ganze Gibbonfamilie getötet wird, um ein einziges Affenbaby fangen zu können.

Die Tiere werden dann in der Regel mit Medikamenten ruhiggestellt, damit sie zutraulicher erscheinen, und ansonsten mit Schlägen gefügig gemacht. Von artgerechter Tierhaltung verstehen die Halter dieser Schauobjekte nichts, meistens halten sie ihre „Schützlinge" in winzigen Käfigen und ernähren sie falsch oder nur notdürftig.

Für die jungen Affen bedeutet dies ein Höchstmaß an Stress, schließlich sind sie weder den direkten Kontakt mit Menschen noch den Lärm und Trubel von Touristenlokalen gewöhnt. Sobald die Jungtiere erwachsen sind, lassen sie sich nicht mehr einfach bändigen, schließlich handelt es sich um Wildtiere, nicht um domestizierte Haustiere. Damit werden sie unbrauchbar für ihre Halter, die sie einfach sich selbst überlassen oder töten. Man sollte außerdem wissen, dass diese vermeintlichen Kuscheltiere normalerweise aus der freien Wildbahn geraubt werden, denn es gibt in Thailand keine legalen Züchter oder Zoos, die ihre Tiere für Touristenspektakel verkaufen. Wer in Thailand Affen oder andere Wildtiere den Touristen anbietet oder ausleiht, tut dies immer illegal.

Der Grund für diese Form der Naturausbeutung: Es ist ein äußerst lukratives Geschäft. Die Einnahmen sind in der Regel höher als die zu erwartenden Strafen. Dennoch – mit Armut hat all dies nichts zu tun.

Generell gilt beim Handel mit Tieren oder Tierprodukten: Hände weg. Manch einer wird sich sagen, der Hai/die Schildkröte/das Krokodil etc. ist ja nun bereits tot, da hilft es auch nichts, wenn ich vom Kauf absehe. Doch das ist ein Irrtum – nur die ständige Nachfrage führt zum Handel mit bedrohten Tierarten. Und: Wer Haifischflossen, Schildkrötenpanzer oder Korallen kauft, dem werden sie spätestens bei der Einreise nach Deutschland wieder weggenommen – mit gutem Grund.

In Thailand ist in den neunziger Jahren ein stärkeres Bewusstsein für die Gefährdung der Natur entstanden, das unter anderem durch Organisationen wie der „Thai Society for the Conservation of Wild Animals" propagiert wird. Von großer Bedeutung ist auch die Rolle des Königs, der sich immer wieder für die Belange der Natur einsetzt. Mehrere Organisationen kämpfen mittlerweile gegen die Haltung von Bären oder Elefanten als Unterhaltungsobjekte für Touristen, zumal Korruption die Strafverfolgung dieser illegalen Formen der Tierhaltung häufig vereitelt. Wie fast überall in Fernost ist auch in Thailand der Glaube an die Heilkraft oder die potenzsteigernde Wirkung von Präparaten, die aus geschützten Tieren erzeugt werden, weitverbreitet, und so stehen die Interessen der fernöstlichen traditionellen Medizin häufig denen der Natur gegenüber.

Neben der illegalen und nicht artgerechten Haltung von Wildtieren und der starken Umweltverschmutzung durch Industrie und Konsumenten ist die Zerstörung des Dschungels die größte ökologische Bedrohung in Thailand.

Mittlerweile gehört der Naturschutz zu den erklärten Zielen der thailändischen Regierung, die 1992 den „Wild Animals Preservation and Protection Act" erlassen hat.

Der Hintergrund dieses Sinneswandels ist die dramatische Entwicklung der letzten Jahrzehnte. Bereits in den achtziger Jahren wurde bekannt, dass etwa ein Viertel der Mangrovenwälder zerstört oder verloren waren.

Umweltverschmutzung, Landwirtschaft und mangelnde Abwasserentsorgung stellen mittlerweile auch eine erhebliche Bedrohung der Trinkwasserversorgung Thailands dar. Der Raubbau an der Natur führte außerdem dazu, dass Teile Bangkoks begannen, sich rasant abzusenken.

zu Gesicht, auch der giftige Feuerfisch ist hier zu Hause. Im Süden der Surin-Inseln befindet sich Turtle Bay, ein idealer Ort zur Beobachtung von Meeresschildkröten, die hier ihre Eier ablegen. Zahlreiche Vogelarten, Fledermäuse und die bis zu acht Meter lange Netzpython gehören zu den heimischen Tieren.

In den vergangenen Jahrzehnten gab es wiederholt Pläne, die Inseln nutzbar zu machen, unter anderem als Auffanglager für vietnamesische Flüchtlinge. Dies hätte die sichere Zerstörung der nahezu unberührten Natur bedeutet, deshalb entschloss man sich schließlich, die Region unter Schutz zu stellen.

Eine der charakteristischen Felseninseln der Andamanensee

PHUKET

Phuket (Aussprache „Puket"), die „Perle der Andamanensee", ist mit einer Fläche von über 543 km^2 die größte Insel Thailands. Ihr Name könnte sich aus dem malaiischen „bukit" ableiten, das „Hügel" bedeutet – ein erklärlicher Name für eine Insel, die von Hügeln übersät ist. Zwar war Phuket nie von Malaien bewohnt, dennoch sind ein Drittel der Bevölkerung Moslems, was auf malaiischen Einfluss zurückzuführen ist.

Umsäumt von tiefblauen Buchten, schroffen Felsen und umgeben von zahlreichen kleinen Inseln, bietet Phuket heute etwas für fast jeden Geschmack: Wer Ruhe und Entspannung sucht, kommt hierher, weil er sich an den langen Sandstränden im Schatten von Kasuarinen und Palmen erholen kann, ob zu Wasser oder zu Lande. Auf der überschaubaren Insel sammeln sich große und kleine Buchten mit tiefen oder flachen Stränden, deren Lage es manchmal sogar erlaubt, während des Monsuns einen Badeurlaub zu verbringen.

Der nimmermüde Sportler kann sich entscheiden: Tauchen, segeln, schnorcheln, biken oder doch lieber wandern und auf Elefanten reiten? Die ganze Insel lässt sich von aktiven Naturen in ein paar Wochen ausgiebig erforschen.

Und auch für Nachtschwärmer haben Phukets Ortschaften, die sich an der Küste aneinanderreihen, jede Menge auf Lager. In fast allen Städten laden Bierbars und Diskotheken mit Shows zu langen Nächten ein.

Im Landesinneren wird hingegen sichtbar, wovon die Einwohner Phukets einmal leben mussten, bevor der Tourismus kam. Der üppige, urwüchsige Regenwald, der das Gelände einst überzog, musste schon lange Plantagen weichen, auf denen bis heute noch Kautschuk, Ananas, Kokos und Bananen angebaut werden. Außerdem verdienten sich die Einwohner ihren Lebensunterhalt mit dem Abbau von Zinn, der Zucht von Perlen und natürlich dem Fischfang, der auch heute noch – zu Zeiten, in denen der Massentourismus alles in den Hintergrund gedrängt hat – eine wichtige Rolle spielt. Unter anderem die vielen beliebten Seafood-Restaurants sind auf regelmäßigen Nachschub angewiesen.

Ob Luxusurlaub der gehobenen Extraklasse im Yachtklub oder Backpacking-Tour zum Campingplatz – Phuket ist für vieles zu haben. Jeder, der hier Urlaub macht, wird über kurz oder lang sein Lieblingsplätzchen ausmachen. Und davon hat die Insel eine Menge zu bieten.

Arbeiter auf einer Kautschukplantage auf Phuket

PHUKET TOWN

Im Südosten Phukets liegt Muang Phuket (Phuket Town), die Hauptstadt der Insel und gleichnamigen Provinz. Für viele Urlauber ist sie wie fast die ganze Ostküste nicht von besonderer Bedeutung. Touristische Anziehungspunkte befinden sich eher im Westen, wo lange und tiefe Sandstrände zum Entspannen und auch noch bei Ebbe zum Schwimmen einladen.

Phuket Town: Ein für Europäer befremdlicher Brauch ist es, sich während des Vegetarierfestivals die Wangen durchstechen zu lassen. Es ist eine Demonstration religiöser Ergebenheit.

Verschiedene Sehenswürdigkeiten verleihen Phuket Town mit seinen nicht ganz 60.000 Einwohnern trotzdem ihre Reize. Besonders zum Vegetarian Festival lohnt sich ein Besuch. Dieses große buddhistische Fest findet alljährlich im Oktober statt. Seine Ursprünge liegen in der ersten Hälfte des 19. Jahrhunderts, als eine Truppe reisender chinesischer Opernsänger, die gerade in Phuket gastierte, bis zum letzten Mann an Malaria erkrankte. Sie hielten sich streng an eine vegetarische Diät und überwanden so, wie die Einwohner glauben, mit Hilfe der Götter ihre Krankheit.

Heute ist das Festival ein Publikumsmagnet, der viele Neugierige anzieht. Zehn Tage lang müssen die Beteiligten, hauptsächlich Chinesischstämmige, nach dem Diktat von zehn Regeln leben, beispielsweise Geist und Körper rein halten, weiße Kleidung tragen, auf Geschlechtsverkehr, Alkohol und natürlich auf Fleisch verzichten. Höhepunkt des Festes sind die Zeremonien, in denen sich Männer und Jugendliche in Trance angespitzte Stäbe durch beide Wangen stecken. So geschmückt ziehen sie zu Ehren der Götter durch die Straßen.

Zentrum des Festivals ist der Bang Niaw, ein 200 Jahre alter Tempel im westlichen Teil der Stadt, der durchaus eine Besichtigung lohnt. Hier, im Heiligtum der Vegetarier, werden die Sänften für die Götterstatuen aufbewahrt und verschiedenen chinesischen Gottheiten Opfer aus Früchten dargebracht. Wie viele andere Tempel Phuket Towns wurde er von chinesischen Einwanderern erbaut. Alle Tempel und Schreine sind reich verziert und bieten einen Genuss für das touristische Auge.

Das übrige Stadtbild lässt ebenfalls eine starke chinesische Prägung erkennen; chinesischstämmige Geschäftsleute ließen hier im 19. Jahrhundert prachtvolle Häuser errichten, die noch heute einen schönen Anblick bieten. Aber auch andere Nationalitäten hatten hier Einfluss; sehenswert sind etliche Villen im portugiesischen Kolonialstil, die noch von den Tagen des Zinnbergbaus zeugen.

Erfrischen und ablenken lassen kann man sich beim Bummel über die verschiedenen großen und kleinen Märkte, die über die Stadt verstreut sind, oder durch die Straßen mit den verschiedenen kleinen Läden, in denen man gut einkaufen kann. In den schönen Parkanlagen im Süden bietet sich die richtige Umgebung für mittägliche Pausen oder Spaziergänge. Wem das Angebot an exotischer Flora und Fauna nicht genügt, kann dem kleinen Zoo einen Besuch abstatten. Dort werden, wie überall in Thailand, auch Shows geboten, in denen Tiere die Hauptrolle spielen. Wer sich mit einem Affen, einem Tiger oder einer Schlange ablichten lassen möchte, kommt hier ebenfalls auf seine Kosten, sollte aber nicht vergessen, dass das Ganze für die Tiere oft eine Qual und insgesamt also ein sehr zweifelhaftes Vergnügen ist.

Abendstimmung über dem Indischen Ozean. Doch die Idylle trügt: Patong Beach auf Phuket gehört zu den meistbesuchten Stränden und gilt mittlerweile als Hochburg des Massentourismus.

Hotellandschaft am Patong Beach auf Phuket

Wer es vorzieht, in der Stadt eine Unterkunft zu mieten, kann das Angebot nutzen, mit einem der ganztags fahrenden Busse zu einem Strand seiner Wahl zu gelangen. Phuket Town ist der Verkehrsknotenpunkt der Insel. Hauptsächlich dient sie Touristen als Zwischenstation zwischen Flughafen und Strandhotel und als Hauptanlegestelle für die Bootstouren zu Ko Phi Phi und anderen kleinen Inseln in der Nähe.

PATONG

Der bekannteste und beliebteste Strand der Insel ist Patong Beach an der Westküste. Mit einer Länge von 3 km in einer großen, geschützten Bucht gelegen, ist er während der Hauptsaison dicht bevölkert von Touristen aller Klassen und Altersgruppen, die sich unter Sonnenschirmen auf Liegestühlen aneinanderreihen. Unterkunft finden sie in den ausladenden und vielseitigen Anlagen, die hinter dem Strand bis weit ins Landesinnere reichen und deren Angebot an Einkaufs-, Essens- und Unterhaltungsmöglichkeiten westlichen Bedürfnissen angepasst wurde.

Auch wenn Patong als teuerster Ort Thailands gilt, gibt es hier auch sehr preiswerte Unterkünfte, die dem starken touristischen Andrang zuträglich sind. Trotz der hohen Besucherrate lässt die Qualität des Angebotes jedoch nichts zu wünschen übrig: Stets werden Strand und Anlagen sauber gehalten und gepflegt. Tagsüber bieten sich hier vielfältige Arten des Wassersports wie Tauchen, Segeln oder Surfen an. Nachts eröffnen sich neue Möglichkeiten der Unterhaltung. Die Sperrstunden für Bars und Diskotheken sind gesetzlich geregelt und werden in der Regel auch eingehalten, was zur Sicherheit des Nachtlebens beiträgt.

KARON UND KATA

Wer es etwas ruhiger bevorzugt, wird sich wohler fühlen in Kata oder Karon. Diese beiden Orte liegen dicht beieinander an der südlichen Westküste und verfügen über sehr schöne Strände, die durch eine felsige Landzunge getrennt werden.

Karon mit seinem 4 km langen Strand ist ruhiger und ursprünglicher als andere Ferienorte auf Phuket. Abseits des Strandes hält sich der Trubel sehr in Grenzen; hier fühlen sich Familien wohl. Allerdings herrschen hier hauptsächlich zur Monsunzeit starke

Unterströmungen, die Schwimmen unmöglich machen. In der trockenen Jahreszeit eignet sich Karon sehr gut zum Tauchen; es existiert auch ein breitgefächertes Angebot an Kursen und Schnupperkursen. Einen Ausflug lohnt die kleine, aber wunderschöne Lagune Relax Bay im Norden von Karon Beach. Der weiße Sandstrand wird allerdings vom dort ansässigen Hotel beansprucht und ist für die Öffentlichkeit abgesperrt.

Die Strände von Kata sind kleiner und noch ruhiger als der von Karon. Insgesamt besitzt Kata zwei Buchten, Kata Noi und Kata Yai. Von dem vorspringenden Felsmassiv, das die beiden trennt, hat man eine sehr schöne Aussicht. Vor allem die nördlichere Kata Yai, die zu einem großen Teil vom dortigen Club belegt wird, eignet sich sehr gut für Wassersport; bei Wellengang kann man hier gut surfen, und auch Anfänger im Schnorcheln finden hier ein kleines Unterwasserparadies: Um die Felsen, die die Bucht dort begrenzen, und die kleine vorgelagerte Insel Ko Pu herum ziehen sich große Korallenriffe. In Kata Yai ist es auch geschützter als in der südlichen Bucht Kata Noi, denn dort bilden sich während der Regenzeit gefährliche Strömungen. Eine schöne Aussicht auf die Strände von Kata und Karon hat man am 3 Bay View Point unterhalb von Kata.

Sonnenuntergang vor Kata Beach auf Phuket

DIE „SEEZIGEUNER" DER ANDAMANENSEE

Bewohnt werden die Surin-Inseln, Phuket und die Phi-Phi-Inseln von den Moken, einem Volk von meist staatenlosen Seenomaden, die häufig als „Seezigeuner" bezeichnet werden. Sie leben hauptsächlich auf den Inseln Myanmars, Thailands und Indonesiens in Pfahlhütten. Ihre Naturverbundenheit rettete den meisten der in Thailand lebenden Moken während des Tsunamis 2004 das Leben, da sie das aufziehende Naturphänomen rechtzeitig erkannten und aufs Festland flüchteten. Die fragilen Behausungen der Moken wurden allerdings ebenso zerstört wie ihre lebensnotwendigen Boote.
Die Sprache der Moken ist verwandt mit der malaiischen. Sie sind Anhänger einer Naturreligion und leben vom Fischfang. Aufgrund ihrer seit Jahrhunderten nahezu unveränderten Lebensweise besitzen vor allem die Kinder der Moken eine bessere Sehfähigkeit unter Wasser als auf dem Land lebende Völker. Durch das tägliche Tauchen und Sammeln von essbaren Wasserpflanzen haben sich ihre Pupillen an die Sehbedingungen unter Wasser angepasst. Während ihre Sehleistung an Land der anderer Menschen gleicht, können sie im Wasser ihre Pupillen wesentlich stärker zusammenziehen. Die unterschiedliche Sehfähigkeit ist allerdings nicht anatomisch bedingt, sondern ein Resultat des Trainings. Im Erwachsenenalter verliert auch bei den Moken die Pupille ihre Flexibilität, weshalb die Älteren schließlich doch auf Taucherbrillen angewiesen sind.

KAMALA

Das nördlich von Patong gelegene, hauptsächlich muslimische Kamala ist wegen seiner Beschaulichkeit gut geeignet für Paare und Familien. Kamala Beach ist sauber und sehr ruhig. Weiter im Norden lädt der wunderschöne Laem Sing Beach mit türkisblauem Wasser und feinem Sand zum Baden ein. Doch während des Monsuns drohen auch hier starke Strömungen. Außerdem ist die Kunde von seiner Schönheit nicht ohne Folgen geblieben, und die Badeurlauber drängeln sich auf dem hübschen Flecken: Wer nicht rechtzeitig kommt, muss mit einem Platz in der Sonne vorliebnehmen, da mittags alle schattigen Plätze bereits belegt sind.

Phra Nang Beach vor Krabi: Hotelanlage versteckt unter Palmen

Am Rande Kamalas liegt auch das *Phuket FantaSea*, ein Vergnügungspark mit Restaurant und einer Bühnenshow. Er ist eine der großen Attraktionen Phukets.Die beiden Buchten Surin Beach und Pansea Beach, nördlich von Kamala, sind etwas weiter entfernt. Hier finden sich viele Touristen aus Thailand ein, ansonsten ist es meist nicht zu voll. Allerdings ist Surin Beach nicht besonders gut zum Schwimmen geeignet, da die Wellen hier mitunter sehr hoch werden und Strömungen auftreten können. Pansea Beach liegt weiter nördlich und ist nicht besonders groß, dafür sehr schön. Leider wird er gänzlich von den beiden Hotelanlagen, die dort liegen, beansprucht und ist für die Öffentlichkeit nicht zugänglich.

NAI HARN

Nai Harn Beach ganz im Süden ist wohl einer der attraktivsten Strände Phukets. Mit weißem, feinem Sand und malerischer Landschaft zieht er alle Arten von Touristen an. Im dortigen Yachtclub finden auch vornehmere Urlaubsgäste angemessene Unterkunft. Glücklicherweise ist der Strand groß genug, so dass sich meist noch Plätzchen finden lassen, die abseits des lauten Treibens Ruhe bieten. Vor allem im südlichen Bereich ist das oft noch möglich. Allerdings liegt Nai Harn Beach auch gänzlich ungeschützt, und während der Regenzeit muss man hier mit starken Strömungen rechnen.

BANG TAO

Weiter im Norden, an der mittleren Westküste gelegen, befindet sich der Ort Bang Tao mit einem Strand, der sich über eine Länge von fast 8 km erstreckt. Diese Bucht ist sehr beliebt bei Windsurfern, die von der anhaltenden leichten Brise profitieren. Hier finden auch internationale Wettbewerbe statt.

Im Hinterland von Bang Tao hat ein Großinvestor ehemalige Zinnminen zu einem Ferienparadies umgewandelt. Im *Laguna Phuket* kann man nicht nur in hochwertigen Hotels residieren, sondern unter anderem Golf spielen, unter künstlichen Wasserfällen baden oder sich Essen aus einem der vielen Restaurants auf sein Hotelzimmer bringen lassen, sogar Heiraten ist möglich. Viele verlassen während ihres Urlaubs dort den Komplex nicht ein einziges Mal, da er alles bietet, was die meisten Touristen begehren. Dennoch tut diese riesige Anlage der ursprünglichen Atmosphäre Bang Taos keinen Abbruch, weshalb sie mit einem Umweltschutzpreis ausgezeichnet wurde.

Der Nai Harn Beach im Süden der Insel Phuket gehört zu den beliebtesten Stränden.

WEITERE STRÄNDE

Ein weiterer erwähnenswerter Strand ist der Ya Nui Beach an der Südspitze zwischen Nai Harn Beach und Laem Prom Thep. Dort ist das Wasser klar, und es gibt nicht so viele Möglichkeiten, Wassersport zu betreiben. Also eine ideale Gelegenheit, um einen ruhigen Tag am Strand zu verbringen. Am Ya Nui Beach gibt es auch ein Restaurant und Übernachtungsmöglichkeiten. Der nahe gelegene Aussichtspunkt Laem Prom Thep mit seinem Leuchtturm ist bei Fotografen besonders beliebt. Hier bietet sich ein weiter Panoramablick über das Meer, das vor allem bei Sonnenuntergang schön anzusehen ist.

Fast noch ein Geheimtipp ist der kleine und wenig frequentierte Laem Ka Beach in der Nähe von Rawai, den man nur mit dem Boot erreicht. Von hier aus kann man auch über eine Bootsverbindung zu ein paar vorgelagerten Inseln gelangen.

HEILIGTÜMER UND LEGENDEN

Einen Ausflug lohnt in jedem Fall das Wat Chalong, ein Tempel in der Nähe des gleichnamigen Ortes südlich der Hauptstadt. Hier stehen die Statuen von zwei berühmten Mönchen, die unter Rama V. einen Aufstand der Minenarbeiter diplomatisch gelöst und so schlimmeren Folgen vorgebeugt haben. Im Wat Pra Thong in Thalang im nördlichen Zentrum Phukets gibt es eine goldene Buddha-Figur zu bestaunen, die nur von der Brust aufwärts aus dem Boden ragt; der Rest ist nicht zu sehen. Der Sage nach wird jeder, der versucht, den Buddha auszugraben, verflucht und muss sterben. Die aktuelle prosaische Erklärung ist allerdings, dass die Statue während einer Flut, die durch die Umleitung eines Kanals verursacht worden war, unter Lehmmassen begraben wurde.

Chinesischer Tempel auf Phuket

Sehr hübsch ist auch das Wat Suwan Khiri Khet in Karon, das von zwei smaragdgrünen Schlangen bewacht wird. Im Inneren ist Buddhas Lebensgeschichte an den Wänden dargestellt.

Wat Phranang Sang ist mit über 500 Jahren der älteste Tempel Phukets. Außer sehr alten Zinn-Buddhastatuen und der Mumie eines Abtes sind hier die Figuren der beiden Heldinnen Phukets zu sehen, Chan und Muk, wie sie im Volksmund genannt werden. Diese Schwestern wehrten im ausgehenden 18. Jahrhundert einen Angriff burmesischer Soldaten ab und retteten so sich und Phuket.

NACHTLEBEN UND SHOWS

Ein glitzerndes Nachtleben mit allen Höhen und Tiefen garantiert neben Karon, Kamala und Phuket Town auch Patong: In der Soi Bang La reihen sich die Bars und Diskotheken aneinander, in denen etliche junge Frauen mal mehr, mal weniger gelangweilt auf Männer warten, die sie „unterhalten" können. Allerdings: Die Frauen sind manchmal nicht als solche geboren und verdanken ihre äußerliche Erscheinung dem Chirurgen. Dieses Phänomen gipfelt im *Simon Cabaret*: Hier werden allabendlich in zwei ausgebuchten, sehenswerten Aufführungen Shows präsentiert, deren Darsteller fast ausschließlich Transvestiten sind.

In dem vielfältigen Unterhaltungsangebot kann man ansonsten recht unbesorgt seinen Spaß haben, denn die Kriminalitätsrate ist vergleichsweise niedrig, der Drogenkonsum hält sich in Grenzen, und gute Laune kommt hier meistens von selbst auf.

Eine Show der besonderen Art bietet das *Phuket FantaSea* bei Kamala. Für einen entsprechenden Eintritt erwartet einen hier ein denkwürdiges Spektakel: Nach einem Bummel durch fantastische Einkaufswelten kann man sich im Restaurant, das 4.000 Besucher fasst, ein Essen vom Büfett schmecken lassen, das von Sterneköchen zubereitet wurde. Als Höhepunkt des Abends folgt eine

unvergessliche Show mit Menschen, Tieren und beeindruckenden Spezialeffekten, die aber nicht zu sehr von thailändischer Kultur abweicht. Dafür wurde der Park mit dem Tourismuspreis Thailands ausgezeichnet.

NATUR UND TRADITION

Wer sich für Natur begeistern kann, hat auf Phuket viele Möglichkeiten dazu. Einen Orchideengarten findet man im Thai Village in der Nähe von Phuket Town. Hier werden das Leben und die Kultur in Süd-Thailand lebhaft dargestellt und den Besuchern nahegebracht, man kann hier sogar – wie könnte es anders sein – traditionell heiraten. Im Orchideengarten wachsen auf über 8.000 m^2 Zehntausende verschiedener exotischer Orchideenarten.

Eines der beliebtesten Motive ist diese Bucht von Pha Nga an der Westküste mit ihren markanten Kalksteinfelsen.

Schmetterlinge en masse gibt es im Butterfly Garden westlich des Thai Village zu bestaunen, außerdem Spinnentiere und Insekten in interessant gestalteten modernen Räumlichkeiten. Die Schmetterlinge fliegen durch einen tropischen Garten, in dem man sie gut beobachten und fotografieren kann. Wer will, kann auch eine Kiste voll von Schmetterlingen bestellen, um sie zu einem besonderen Anlass fliegen zu lassen. Südöstlich des Flughafens liegt der *Khao Phra Taeo Wildlife Park*, eine Attraktion für jeden, der auf Phuket den Dschungel vermisst. Hier kann der Besucher zahlreiche seltene Tiere und Pflanzen beobachten und die Natur genießen, was in der Regenzeit auch zwei Wasserfälle mit einschließt.

Das Gibbon Rehabilitation Project kümmert sich hier um gezähmte Gibbons aus Gefangenschaft, die teilweise erkrankt oder an Drogenkonsum gewöhnt sind, und führt sie wieder in das Leben im Dschungel ein. Sehenswert ist das Projekt für Tierfreunde und Interessierte, die vielleicht auch spenden möchten. Unmittelbar daneben beginnt ein Weg hinauf zum Bang-Pae-Wasserfall, auf dem man die üppige Vegetation des dortigen Regenwaldes bewundern kann.

An der Spitze einer großen Landzunge im Süden, neben Makham Bay und nicht weit entfernt von Phuket Town, kann man das Phuket Aquarium besichtigen. Die bunte Tierwelt der Meere ist hier gut vertreten und lohnt einen Besuch.

Linke Seite *Naturschönheit auf Phuket: der Ton-Sai-Wasserfall im Nationalpark Kao Phra Taeo*

Die Andamanensee ist ein Paradies für Taucher.

MUSEEN

In Thalang steht das Nationalmuseum Phukets. Wer sich für Kultur, Geographie und Geschichte der Insel interessiert, ist hier sicher an der richtigen Adresse. In zwei Gebäuden werden Leben und Arbeit der Einwohner und Einwanderer anhand von Nachbauten und Originalen sehr anschaulich dargestellt, auch die Seenomaden kommen nicht zu kurz.

Neben den vielfältigen Kulturen, die Einfluss auf Phuket hatten, wird auch die Entwicklung des Zinnbergbaus geschildert. Ebenfalls sehenswert ist die nachgestellte denkwürdige Schlacht von Thalang, in der die Heldinnen Chan und Muk Phuket retteten. Ihre Denkmäler stehen im Kreisverkehr direkt vor dem Museum.

Einen Besuch wert ist das private *Phuket Sea Shell Museum* in der Nähe von Rawai. Es bietet den Besuchern eine schöne, interessante und umfangreiche Sammlung an Muscheln, Perlen und Fossilien aller Art. Seltenheiten und Besonderheiten wie zum Beispiel die größte goldene Perle der Welt und eine 250 kg schwere Muschel gibt es hier auch zu bestaunen. Wer will, kann sich ein paar Exemplare aus dem Shop mit nach Hause nehmen.

AKTIVITÄTEN

Für Taucher ist Phuket ein Paradies. Nicht unbedingt der Tauchgründe wegen, denn Tauchen unmittelbar von Phuket aus ist nicht besonders spektakulär und wird nur Anfängern empfohlen; die umliegenden Inseln jedoch und das Meer weiter weg bieten dem erfahrenen Taucher eine Fülle an interessanten und faszinierenden Unterwasserwelten. Nicht umsonst starten hier täglich viele gut besuchte und teilweise mehrere Tage dauernde Tauchtouren mit Booten. Shark Point in Richtung Ko Phi Phi ist ein beliebtes Ziel, aber auch rings um die vorgelagerten kleinen Inseln lassen sich bunte Korallen und Fische entdecken, die einen Tauchgang zu einem lohnenden Erlebnis machen.

Auch mit Schnorchel und Taucherbrille lassen sich viele dieser Riffe, vor allem an der Westküste, erkunden. Wenn man auf die Fauna achtgibt und sich nicht von Muränen und Wasserschlangen provozieren lässt, kann man so stundenlang unterhalten werden. Jedoch sollte man hier aufpassen, dass man sich unter der Wasseroberfläche keinen Sonnenbrand holt, und nie ohne T-Shirt und ausreichenden Sonnenschutzfaktor ins Wasser gehen.

Ein beliebter Sport ist hier das Kanu- und Kajakfahren. Touren werden von verschiedenen Anbietern unternommen. Wer sich auf ein solches Wagnis einlässt, wird mit dem kleinen Boot und einem kundigen Paddler nicht nur die umliegenden Inseln und Höhlen, sondern auch wunderschöne Lagunen erkunden können, die vom restlichen Land völlig abgeschnitten sind und sich noch ihre Ursprünglichkeit erhalten haben. Doch damit ist nicht zu spaßen: Nur der Führer kennt den richtigen Zeitpunkt, um durch Höhlensysteme dorthin und wieder zurück zu gelangen, ohne von der Flut überrascht zu werden. Alleingänge sind also lebensgefährlich.

Phuket ist auch ein beliebter Ausgangsort für Segeltörns durch die vielfältige Insellandschaft vor der Küste. Man kann entweder selbst ein Boot chartern oder eine Mitsegelgelegenheit buchen. An

Viele Inseln verfügen über ausgedehnte Höhlenlabyrinthe, die man nicht auf eigene Faust erkunden sollte. In dieser Höhle wurde ein Tempel eingerichtet.

Land kann man ebenfalls verschiedene Angebote wahrnehmen. Elefanten-Safaris bieten die Möglichkeit, die Kautschukplantagen im Hinterland auf dem Rücken eines Dickhäuters zu erkunden. Überall können Unternehmungslustige Fahrräder, Jeeps und Motorräder mieten, um auf eigene Faust die Insel zu erforschen.

UMGEBUNG

Wer auf Phuket Urlaub macht, sollte genug Zeit einplanen, auch einige der umliegenden Inseln zu erkunden, ob in selbst organisierten Touren oder mit einem Reiseanbieter. Besonders lohnenswerte Inseln sind Ko Phi Phi, Ko Raya und Ko Yao Noi, aber auch die anderen, kleineren Inseln lohnen einen Ausflug. Zum Beispiel ist Coral Island wegen der Korallen, die ihr ihren Namen gaben, immer ein sehr beliebtes Tauch- und Schnorchelziel, und auf mehreren kleinen Inseln kann man Perlenfarmen besichtigen.

KO PHI PHI

Hier wurde der Film „The Beach“ gedreht, dessen malerische Kulisse man allerdings nicht erwarten darf. Touristisch ist Ko Phi Phi (sprich „Ko Pi Pi“) inzwischen voll erschlossen, doch trotzdem bleibt sie eine der schönsten Inseln überhaupt. Zwei große Felsmassive werden von einer langen flachen Landbrücke verbunden und schützen lange Buchten und wunderschöne Korallenriffe. Hier kann man viel Zeit verbringen, ob beim Schnorcheln, Schwimmen, Tauchen oder Wandern.

Stimmungsvolle Idylle vor der Insel Ko Phi Phi im Südwesten. Die Region ist eines der besten Taucherparadiese der Welt, daneben gibt es attraktive Voraussetzungen für Aktivurlauber, die wandern oder klettern möchten.

Man sollte nicht zu viel Abgeschiedenheit erwarten, denn tagsüber lassen einem die vielen Strandurlauber und Motorboote keine Ruhe, und später stürzt sich vor allem junges Publikum hier ins ausgeprägte Nachtleben. Nicht umsonst trägt Ko Phi Phi den Beinamen „Partyinsel“.

Wer es etwas ruhiger haben möchte, dem bieten sich dennoch ein paar Möglichkeiten: Schöne Aussichtspunkte auf den Felsen garantieren schöne Erinnerungsfotos, und die Riffe seitlich der Buchten bieten ausdauernden Schnorchlern stundenlangen Zeitvertreib mit bleibenden Eindrücken. Mehrere kleinere Buchten, vor allem am nördlichen Ende der Insel, sind nur mit dem Boot zu erreichen und infolgedessen weniger überlaufen.

WEITERE INSELN

Auf Ko Raya laden schöne weiße Sandstrände und schattige Palmenwälder zu Erkundungsgängen ein. Aufgrund des klaren Wassers kann man hier immer gut schnorcheln und baden. Auch für Taucher gibt es hier noch viel zu sehen. Obwohl hier Bungalowanlagen und Restaurants viele Touristen anziehen, hat Ko Raya genügend Strände, auf denen es ruhiger zugeht.

Die Kalksteininseln in der Bucht von Phang Nga sind ein berühmter Drehort: „Der Mann mit dem goldenen Colt" trieb hier sein Unwesen.

Viele kleine Fischerdörfer befinden sich auf der beschaulichen Ko Yao Noi in der Phang Nga Bay, deren Fang man auch direkt dort genießen kann. Auch hier laden schöne Strände zum Schwimmen ein, die noch nicht zu überlaufen sind. Die Insel ist noch nicht ganz touristisch erschlossen, dennoch bekommt man hier alles Notwendige.

PHANG NGA

Nach Phang Nga ans Festland führen täglich Bootstouren von Phuket aus, die sich lohnen. Im Nationalpark in der Bucht von Phang Nga befindet sich die berühmte James Bond Island, die größte Attraktion der Gegend. Ihren Namen hat sie, weil sie mitsamt dem großen, bizarr geformten Felsen in der dortigen Bucht eine wichtige Rolle in einem James-Bond-Film spielte. Dieser und die umgebenden Felsen mit ihren fantasievollen Formungen sind der Mittelpunkt jeder Ausflugsfahrt. In der Bucht kann man auch viele spektakuläre Höhlen besichtigen, die teilweise nur mit dem Kajak zu befahren sind. Auch hier gilt: Ohne erfahrenen Führer keine Touren unternehmen, da sonst die Gefahr droht, von der Flut eingeschlossen zu werden.

In der Nähe von Phang Nga, in einem Berg neben einem Kloster, liegt unter anderem auch Tham Sawan Khuha, die heilige Grotte, die von Fledermäusen bewohnt wird. Sie ist ein beliebtes Besichtigungsobjekt, und in ihr lassen sich viele Buddhastatuen bewundern. Hauptattraktion ist ein 15 m langer goldener Buddha in liegender Position. Nahebei kann man im dichten Regenwald gut spazieren; ein schöner Wasserfall fließt hier das ganze Jahr hindurch.

Phang Nga Bay: Das typische Langboot im Vordergrund nimmt Kurs auf eine der zahlreichen Felseninseln. Diese Boote sind die wichtigsten Verkehrsmittel im thailändischen Inselreich.

Linke Seite *Kalksteinfelsen in der Bucht von Phang Nga*

Langboote am Rei Lay Beach in Krabi. Neben einer von Sandstränden gesäumten Küste bietet die Region Krabi auch eine üppige Hügellandschaft und ausgedehnte Mangrovenwälder.

Klassisches Wunschbild vieler Europäer: Meer, Sandstrand, Palmen. Klong Muang Beach in Krabi hat all dies im Überfluss.

Linke Seite *Bizarre Felsformationen in der Phang Nga Bay in Krabi*

Sportkletterer an einem Felsüberhang in Krabi. In den letzten Jahren ist Thailand auch bei Aktivtouristen immer beliebter geworden.

Oben und rechte Seite *Taucherparadies Thailand: Das Meer ist vor den thailändischen Küsten und Inseln oft flach und ruhig, damit gilt es als ideal für Hobbytaucher.*

Kleines Paradies: Die Insel Phi Phi Don ist die größte der Phi-Phi-Inselgruppe.

Mit dem Segelboot lassen sich die Inselreiche an der Westküste ideal bereisen. Allerdings sind nicht alle Inseln der Andamanensee zugänglich.

Linke Seite *Ko Phak Bia gehört zu den markanten Felseninseln vor Krabi. Einige von ihnen sind für Besucher nicht zugänglich, weil dort die Vögel brüten, deren Nester als Delikatesse gelten und gut bewacht werden.*

Nicht immer so menschenleer wie auf dem Foto geht es auf Phuket zu, sie ist mittlerweile die beliebteste der thailändischen Inseln.

Folgende Doppelseite *Fischerboote vor Phang Nga. Neben dem Tourismus ist der Fischfang nach wie vor wichtigster Wirtschaftszweig im Süden.*

33

Die beeindruckende Felsenküste auf Ko Phi Phi

Linke Seite *Strandidylle auf Phuket. Wer dem Alltagsstress entfliehen will, ist in Süd-Thailand genau richtig.*

Das schwimmende Dorf von Ko Pannyi. Es wurde von Einwanderern aus Indonesien gegründet. Einmal am Tag kommen die Touristengruppen von Phuket, und das friedliche Fischerdörfchen verwandelt sich in einen wimmelnden Ameisenhaufen.

Folgende Doppelseite *Die Insel Poda in der Andamanensee*

Der Süden

Am Strand Ao Railay, im Hintergrund die typischen Karstberge

Thailands Süden gehört zu den Urlaubsparadiesen schlechthin. Sandstrände, so weit das Auge reicht, paradiesische Inselgruppen und tropische Natur locken jährlich mehr Reisende an den schmalen Streifen zwischen der burmesischen und der malaysischen Grenze. Vor allem die Insel Phuket ist zum Hauptreiseziel avanciert, und auch die Tsunami-Katastrophe, die im Dezember 2004 auf Phuket schwere Verwüstungen mit zahlreichen Todesopfern verursachte, führte nur zu einem vorübergehenden Einbruch der Besucherzahlen.

Der Süden Thailands beginnt offiziell erst bei Chumphon, zumindest was die Landesverwaltung anbetrifft. Die meisten Reisenden aber werden wohl die vollständige Landenge, den Kra, als Thailands Süden betrachten. Bereits seit dreihundert Jahren ist nun schon der Bau eines Kanals geplant, der den Kra durchbricht und der Hafenstadt Bangkok einen direkten Zugang zur Andamanensee bzw. zum indischen Ozean ermöglicht.

Auf nicht einmal 20 Kilometer Ost-West-Ausdehnung schrumpft das thailändische Territorium hier zusammen, die Landenge ist insgesamt nur 44 km breit. Es wäre also ein recht einfaches Unterfangen, könnte man meinen, dennoch wurde aus dem Projekt bislang nichts. Neben zu befürchtenden Umweltschäden ist es auch die mutmaßlich drastische Auswirkung, die der Kanal auf die Bedeutung des Hafens von Singapur haben würde, die den Bau noch immer zu einem höchst umstrittenen Politikum macht.
Der südliche Abschnitt des Kra bietet das, was die meisten Reisenden suchen: Sandstrände kilometerweit, und das sowohl an der Ost- wie auch an der Westküste. Weiter südlich macht sich zudem die positive Auswirkung der Berglandschaft bemerkbar, die sich von Burma bis zur malaysischen Halbinsel erstreckt. Das Tenasserim-Gebirge trennt die Wetterzone des Indischen Ozeans von der des Chinesischen Meeres. Wenn also auf einer Seite der Monsunre-

gen dominiert, wird er von den Bergen ausgebremst, so dass auf der anderen Seite in der Regel sonniges Wetter herrscht. Konkret bedeutet das: Regnet es auf Phuket, dann braucht man nur nach Samui auf die andere Seite der schmalen Landzunge zu fahren, um schönes Wetter zu finden – und umgekehrt.

Der Süden bietet allerdings nicht nur Strände, sondern auch verwunschene Berglandschaften mit spektakulären Wasserfällen, dichte Dschungel und Mangrovenwälder. Der höchste Berg in Süd-Thailand ist der Khao Luang mit immerhin 1.835 Meter Höhe.

So traumhaft die Region daher auch erscheinen mag, ist sie doch auch krisengeschüttelt. In der Grenzregion zu Malaysia sorgen seit Jahren muslimische Separatisten für Unruhe, zahlreiche Anschläge forderten bereits mehrere Tausend Todesopfer. In den Provinzen Yala, Satun, Pattani und Narathiwat stellen aus Malaysia stammende Muslime die Bevölkerungsmehrheit, die historischen Wurzeln dieses Konflikts gehen auf die malaysischen Sultanate zurück, aus denen die Provinzen hervorgegangen sind. Ein 2007 von der Menschenrechtsorganisation Human Rights Watch veröffentlichter Bericht schildert die Bestrebungen muslimischer Bevölkerungsgruppen, die als „Ungläubige" verunglimpften Buddhisten aus den südlichen Provinzen zu vertreiben, um letztlich einen eigenen muslimischen Staat errichten zu können. Es steht also zu befürchten, dass sich der Konflikt ausweitet.

Küstenlandschaft auf Ko Samui: Dichter Wald und bergiges Gelände laden zu ausgiebigen Wanderungen ein.

Vor Reisen in die südlichsten Provinzen an der Grenze zu Malaysia wird daher abgeraten, bislang betrifft dies die klassischen Urlaubsziele allerdings nicht direkt.

INSELN AN DER OSTKÜSTE: TAO, PHANGAN UND SAMUI

Drei Inseln im Golf von Thailand gelten als besonders reizvoll: Tao, Phangan und Samui. Erstere ist vor allem für Taucher interessant, während die Letztere sich wegen ihrer traumhaften Sandstrände größter Beliebtheit erfreut. Alle drei gehören zur Provinz Surat Thani, sie ist die größte in Süd-Thailand. Die Wassertemperatur liegt hier ganzjährig bei etwa 28 °C.

Samui (Ko Samui – das „Ko" bedeutet schlicht „Insel") liegt ca. 20 km vor der thailändischen Ostküste, etwas südlich des 10. Brei-

DAS WETTER IN THAILAND

Thailand bedeutet für Urlauber zwei Dinge: Sonnenschein und tropische Hitze. Tatsächlich verhält es sich mit dem Sonnenschein etwas komplexer, während die tropische Hitze ganzjährig garantiert ist. Das Land liegt im Einflussbereich der Monsunwinde, die vor allem Regen bringen. So spielen in Thailand die uns bekannten vier Jahreszeiten keine große Rolle, stattdessen bestimmen die Monsunperioden das Wetter. Das Jahr unterteilt man in drei Phasen: Die Regenphase dauert etwa von Mai bis Oktober, auf sie folgt die relativ kühle Phase von November bis Februar. März und April gelten als die heißesten Monate des Jahres. In der Regenzeit muss man außerdem mit Überschwemmungen rechnen, die sowohl in ländlichen Gegenden als auch in Bangkok erhebliche Schäden verursachen können.

Daneben spielen die unterschiedlichen Klimazonen des Landes eine Rolle: Meeresklima im Süden, Festlandklima im Norden. In den nördlichsten Regionen Thailands sind einstellige Temperaturen nicht unbekannt, weiter südlich dagegen sinkt das Thermometer in der Regel nicht unter 18 °C.

tengrades und ca. 70 Flugminuten südlich von Bangkok. Mit ungefähr 247 Quadratkilometern ist sie die drittgrößte Insel Thailands. Sie ist Teil eines Archipels, das etwa sechzig Inseln umfasst.

Der Dschungel, der sie ursprünglich bedeckte, ist längst einer Mischvegetation gewichen, wie sie oft in abgeholzten Regionen entsteht. Dazwischen gibt es Plantagen, auf denen Kokospalmen und Durianbäume gezogen werden.

Kokosnüsse sind ein wichtiger Exportartikel. Zur Ernte werden Affen dressiert, die in die Baumwipfel klettern können.

Die Strände sind vielerorts von Kokospalmen gesäumt, allerdings sorgt seit einigen Jahren ein Schädling für Sorge um den Palmenbestand. Da die Kokospalme eine der wichtigsten Nutzpflanzen Thailands ist, hätte ihr Aussterben weitreichende Folgen für die Bevölkerung der Insel.

Kokosnüsse werden hier in großen Mengen exportiert, für das Ernten der schwer erreichbaren Früchte dressieren die Thais Makaken in Dressurstationen. Die Affen sind allerdings nicht wirklich zutraulich und reagieren auf Streichelversuche oft aggressiv. Vereinzelt erinnern historische Teak-Häuser an chinesische Kaufleute, die zu den ersten Siedlern der Insel gehörten. Allerdings wird die eigentliche Kultur der Region zunehmend von der Tourismusindustrie verdrängt.

Da Samui dank seiner Lage im Golf von Thailand vom Tsunami 2004 verschont geblieben war, verbuchte man hier nach der Katastrophe einen enormen Anstieg der Besucherzahlen. Ein Argument spricht in jedem Fall für die Insel: fast 30 km Sandstrand. Vor allem die Strände der Ostküste sind mittlerweile fest im Visier der Reiseveranstalter, während im Norden und Süden der Insel mit etwas Glück tatsächlich noch eine Beschaulichkeit zu finden ist, die der Massentourismus in der Regel verdrängt. Zu den touristischen „Entdeckern" der Insel gehörten die Hippies, die in den siebziger Jahren nach Samui pilgerten, um hier ungestört ein freies Leben zu genießen.

Vollends touristisch erschlossen wurde die Insel durch den Bau des Flughafens in den achtziger Jahren. Er befindet sich im Nordosten Samuis, während eine Ringstraße entlang der Küste die gesamte Insel erschließt.

Wichtigster Ort auf Samui ist Nathon im Nordwesten, hier sind die meisten Geschäfte und Hotels angesiedelt, auch die Anlegestellen der wichtigen Fähren befinden sich in Nathon. Das Hinterland der Insel bietet einige paradiesische Wasserfälle, und von dem Großen Buddha, der auf einem Hügel ruht, hat man eine wunderbare Aussicht. Eine kuriose Sehenswürdigkeit ist rein natürlichen Ursprungs: der „Wonderful Rock“ mit Großmutter-Stein und Großvater-Stein an der Südostküste. Eine Steinformation, die unverkennbar an einen Penis und eine Vagina erinnert.

Das ideale Reiseziel für gestresste Europäer: Thailand kultiviert die Kunst des Entspannens.

Zweitgrößte Insel der Gruppe ist Phangan (Ko Pha Ngan), die ebenso längst vom einsamen Geheimtipp zum beliebten Reiseziel avanciert ist. Neben den traumhaften Sandstränden gibt es hier eine sehr abwechslungsreiche Natur mit Dschungel, Bergen und Wasserfällen. Höchste Erhebung ist der Khao Ra mit 620 Metern. Die Wälder der Insel gehören zum Than Sadet-Ko Pha-Ngan National Park und stehen mit ihrer Artenvielfalt unter Schutz.

Wer einen ganz ruhigen Urlaub verbringen möchte, sollte lieber eine andere Insel ansteuern, denn Phangan ist vor allem bei jungen partyhungrigen Touristen beliebt. Seit den achtziger Jahren feiern meist junge Touristen in Hat Rin Nok, einem Landzipfel an der Südküste der Insel, die berühmten Full-Moon-Partys. Auf dem Höhepunkt der Reisesaison treffen sich hier zehntausende Tanzwütige und feiern die Nacht durch – es geht also laut zu.

Thong Sala ist die Hauptstadt Phangans, von hier aus verkehren Boote nach Samui und zum Festland. Ein ausgebautes Straßennetz wie auf Samui gibt es hier nicht, doch zwischen den Stränden verkehren Standtaxis zu Wasser und zu Land. Allerdings sind viele Strände recht schwer zu erreichen, da die Insel hügelig ist.

Tao (Ko Tao), nördlich von Samui gelegen, ist ein weiteres Inselparadies, das mittlerweile zu einer festen Destination für zivilisationsmüde Reisende geworden ist. Benannt wurde die Insel nach den Meeresschildkröten, die hier häufig vorkommen. Im Gegensatz zu Samui ist Tao nur per Boot zu erreichen. Neben den idyllischen Sandstränden ist Tao besonders für die vor der Insel liegenden Tauchgebiete bekannt. Mittlerweile haben sich hier zahlreiche Tauchschulen etabliert, die vor allem Rucksacktouristen anlocken.

Kristallklares, relativ strömungsarmes Wasser und flache Korallenriffs sorgen für ideale Voraussetzungen auch für Tauchanfänger. Und schließlich lässt sich das Tauchen kaum irgendwo so billig erlernen wie hier.

Wer der Wasserwelten müde ist, kann sich auch auf einen Ausflug ins Innere der Insel begeben, am besten erkundet man die Dschungellandschaft mit dem Mountainbike.

Fütterung eines Silberspitzenhais. Diese Veranstaltungen werden immer beliebter, werden von Umweltschützern allerdings oft kritisiert. Dass sie nicht ganz ungefährlich sind, zeigen Unfälle, die immer wieder passieren.

Nordwestlich der Inseln befindet sich einer der zahlreichen thailändischen Nationalparks, der Meeresnationalpark Mu Ko Ang Thong. Er umfasst ein Gebiet von etwa 250 Quadratkilometern. Die größtenteils unbewohnten Inseln des Archipels weisen markante Kalksteinformationen auf, die für die Region typisch sind. Wer die Inselgruppe erkunden möchte, steuert am besten die Insel Wua Talap an, wo die Parkverwaltung ihren Sitz hat. Dort gibt es auch Unterkünfte, die allerdings nicht sehr zahlreich sind.

DIE ALTE HAFENSTADT CHAIYA

Die historischen Wurzeln Süd-Thailands liegen anders als im Norden in dem indonesischen Reich Srivijaya, das bis ins Mittelalter existierte. Im dreizehnten Jahrhundert zerfiel das buddhistische Reich und musste seine Vormachtstellung an das von Java aus expandierende Majapahit-Reich abgeben. Die Srivijaya-Epoche hinterließ zahlreiche Kulturdenkmäler in Süd-Thailand, und man vermutet, dass die kleine Stadt Chaiya zu den wichtigsten Hafenstädten des Handelsreiches gehörte, möglicherweise war sie sogar für kurze Zeit die Hauptstadt von Srivijaya.

Chaiya liegt an der Ostküste der thailändischen Landzunge, etwa auf der Höhe der Insel Samui. Heute zählt die Stadt ungefähr 50.000 Einwohner. Im Nationalmuseum in Chaiya kann man einige Kunstschätze aus der Epoche sehen, außerdem lohnt sich ein Besuch des wichtigsten Tempels, des Wat Borom That Chaiya. Vermutlich im achten Jahrhundert errichtet, gehört der Tempel mit seinen aufwendig dekorierten Portalen und dem markanten Chedi noch heute zu den wichtigen Heiligtümern des Landes.

Im Wald bei Chaiya liegt das Kloster Wat Suan Mohkha Phalaram, in dem international renommierte Meditationskurse stattfinden.

Die Klosterschule ist bekannt für ihren Ansatz, den Buddhismus zu seinen historischen Wurzeln zurückzuführen und die ursprünglichen Lehren aus der Zeit des Buddha zu betonen. Hier können Besucher für zwei Wochen ein streng geregeltes Mönchsleben führen, in den Schwefelquellen baden und jeden Zivilisationsstress vergessen.

Ein Mönch bei der Schreibarbeit. In ganz Thailand gibt es zahlreiche Klöster, und Mönche spielen in der Gesellschaft eine insgesamt bedeutende Rolle.

Südlich von Chaiya liegt die Stadt Nakhon Si Thammarat, eine alte Hafen- und Handelsstadt. Auch sie war vermutlich bereits im frühen Mittelalter ein bedeutender Handelsstützpunkt des Srivijaya-Reichs. Durch die schleichende Versandung liegt sie mittlerweile einige Kilometer vom Meer entfernt.

Das Stadtzentrum präsentiert sich modern, während sich in der Altstadt einige historische Gebäude und Reste der Stadtbefestigung erhalten haben. Berühmt ist Nakhon Si Thammarat für Wat Phra Mahathat, einen der ältesten Tempel Thailands und gleichzeitig eines der größten buddhistischen Klöster des Landes.

Die für eine Zahnreliquie Buddhas berühmte Klosteranlage umfasst einen regelrechten Wald von Chedis: 173 sollen es sein, darunter der 77 Meter hohe Phra Baromathat mit vergoldeter Spitze. Die Kunstschätze aus dem Tempel und dem Kloster kann man im Tempelmuseum bewundern.

Hinter der Stadt beginnt der Khao Luang National Park, eine verwunschene Berglandschaft mit dichtem Dschungel und den vielleicht berühmtesten Wasserfällen Thailands. Höchster Berg ist der Khao Luang mit 1.835 Metern. Für Naturfreunde ist dieser Park eines der ganz großen Highlights.

SÜDLICHES GRENZGEBIET

Wer sich weiter nach Süden bewegt, wird eine spürbar andere Kultur vorfinden. Die südlichen Provinzen Yala, Satun, Pattani und Narathiwat gehen auf malaysische Sultanate zurück, sie sind bis heute muslimisch geprägt. Auch sind sie touristisch kaum erschlossen, was sich nicht zuletzt daran bemerkbar macht, dass Englischkenntnisse hier weitaus weniger verbreitet sind als in nördlicheren Landesteilen. Städte wie Hat Yai, Yala oder Pattani konnten sich bisher nicht als Touristenziele etablieren, da sie zu wenige hochkarätige Sehenswürdigkeiten besitzen, um mit den bekannten touristischen Zentren zu konkurrieren. Hat Yai ist aus einem anderen Grund berühmt und auch berüchtigt: Dank ihrer Nähe zur malaysischen Grenze zieht sie zahlreiche Touristen aus dem südlichen Nachbarland an, die der Strenge der islamischen Gesellschaft entfliehen wollen und der Stadt zu einer boomenden Sexindustrie verhelfen. Hat Yai gilt mittlerweile neben Bangkok als eines der Zentren der asiatischen Prostitutionsindustrie.

Der internationale Flughafen von Hat Yai macht die Stadt auch zu einem wichtigen Verkehrsknotenpunkt. Aufgrund der derzeit äußerst problematischen politischen Situation sind Reisen in die südlichsten Provinzen Thailands allerdings nicht zu empfehlen.

Der Meeresnationalpark Mu Ko Ang Thong umfasst die schönsten Inseln auf der Ostseite der thailändischen Landzunge. Seine Gesamtfläche beträgt 250 Quadratkilometer.

Ein Fischerboot im Abendrot vor Ko Samui. Abschalten, ausspannen, Natur genießen – mit diesem Versprechen lockt Thailand jedes Jahr mehr Reisende an. Sie finden hier meist das, was sie suchen, viele kommen regelmäßig wieder.

Blick über den Süden: der Hat Yai Municipal Park ist ein Erholungspark in der südlichsten Region Thailands, nicht weit von der Grenze zu Malaysia. Hat Yai selbst ist die viertgrößte Stadt Thailands und bietet eine interessante Mischung aus buddhistischer, islamischer und christlicher Kultur.

Folgende Doppelseite *Koh Muk gehört zu den Inseln des Trang-Archipels an der Südwestküste. Die Gruppe umfasst etwa 50 meist unbewohnte Inseln, die mit besonders feinem Sandstrand und wunderschönen Korallenriffen locken.*

Jedes Jahr in der ersten Oktoberwoche findet auf Phuket das Vegetarian Festival statt. Die Teilnehmer sind vornehmlich Thais chinesischer Abstammung. Sie halten eine strenge zehntägige vegetarische Diät, die auch der geistigen Reinigung dienen soll. Während der Feierlichkeiten werden ständig Feuerwerkskracher gezündet.

Mittagspause beim Friseur in Ban Nam Chio, einem der islamischen Orte im Süden. Westliche Urlauber gehören vermutlich nicht zu seinen Kunden. Aufgrund der politischen Unruhen in einigen südlichen Provinzen an der Grenze zu Malaysia trifft man hier kaum auf Touristen.

Thailands wichtigste Naturschätze: Sandstrand und das Meer

Linke Seite *Diese steinige Bucht auf Ko Similan trägt den merkwürdigen Namen Donald Duck Bay.*

Folgende Doppelseite *Abendstimmung über dem Meer*

Bildnachweis
Cover © Mauritius Images / Peter Widmann,
alle Abbildungen, soweit nicht anders angegeben, von © Mauritius Images
Abbildung auf Seite 81 von © GFDL German Wikipedia/Thanyakij